TRILOGIE HISTORIQUE.

CHARLOTTE CORDAY

OU

LES GIRONDINS,

TRAGÉDIE EN TROIS ACTES ET EN VERS.

Par P.-E. Gasc.

BRUXELLES,

CHEZ DECQ, LIBRAIRE, RUE DE LA MADELAINE,

ET CHEZ LES PRINCIPAUX LIBRAIRES DE LA BELGIQUE.

1848.

CHARLOTTE CORDAY

OU

LES GIRONDINS,

TRAGÉDIE EN TROIS ACTES ET EN VERS.

Par P.-E. Gasc.

BRUXELLES,

CHEZ DECQ, LIBRAIRE, RUE DE LA MADELAINE,

ET CHEZ LES PRINCIPAUX LIBRAIRES DE LA BELGIQUE.

1848.

Imprimerie de De Busscher Frères, à Gand.

A M. ALPHONSE DE LAMARTINE,

Membre de l'Institut et de la Chambre des Députés, etc.

Bruxelles le 1er Décembre 1847.

Monsieur,

La lecture de votre dernier ouvrage, l'Histoire des Girondins, *m'a inspiré la téméraire pensée de traiter en vers français l'épisode à la fois touchant et terrible de Charlotte Corday, qui résume le mémorable duel entre la* Gironde *et la* Montagne. *Mais comment espérer, surtout pour un premier essai, de faire une œuvre importante dans un genre aussi élevé et aussi difficile que la Tragédie!!. Une pareille prétention n'est permise qu'aux hommes de génie, aux* Corneille, *aux* Voltaire, *aux* Lamartine, *etc., à ces âmes d'élite que la Nature ne lance qu'à de rares intervalles dans le monde, brillans météores dont l'éclat l'éblouit en excitant son admiration.*

Les pages sublimes que vous avez tracées sur la Révolution Française répandent à chaque phrase un parfum enivrant qui m'a fait comprendre tout ce qui me manquait pour produire une bonne Tragédie, et combien ma témérité était grande d'oser mettre en vers un sujet déjà si poétiquement traité par vous ; et pourtant, malgré le sentiment de ma faiblesse qui me poussait à poser ma plume, j'ai cédé à mon enthousiasme pour le plus grand écrivain et le premier orateur du siècle... J'ai composé ma Charlotte Corday !... Je viens aujourd'hui, Monsieur, vous offrir l'hommage de ma première production dramatique, espérant qu'elle sera accueillie avec la bienveillance dont vous avez honoré déjà mes précédens écrits sur l'enseignement public.

A cet hommage, permettez-moi, Monsieur, de joindre l'expression de ma profonde admiration et de la vive sympathie avec lesquelles j'ai l'honneur d'être ;

Monsieur,

Votre très-humble et très-obéissant serviteur.

P.-E. Gasc.

PRÉFACE.

Le cadre que je me suis tracé dans ma Tragédie comprend une partie de la lutte entre *la Montagne* et *la Gironde*, le terrible duel entre Charlotte Corday et Marat. A côté de ce fait, il y a de nombreux événemens que je n'ai pu esquisser que dans les arrière-plans; la France, alors, était en guerre sur toutes ses frontières avec tous les rois de l'Europe coalisée contre la Révolution : elle avait plusieurs départemens en feu et de nombreuses factions à contenir : l'ancienne société s'écroulait, et à sa place une autre société naissait au sein d'une arène couverte de boue, de sang et de gloire, où luttaient des héros, où s'agitaient des tribuns et où tombaient des martyrs!!.. puis, derrière la royauté évanouie, on voyait poindre à l'horizon une autre souveraineté, *la souveraineté du peuple*, astre nouveau éclairant de ses rayons éblouissans les ruines fumantes du passé!.....

Par la nature même du sujet, ma Tragédie est une de ces pièces où les ressources de la curiosité, excitée par une intrigue d'amour, par des situations extraordinaires ou des coups de théâtre imprévus, manquent complètement; aussi le nom de *Trilogie* me semble-t-il lui convenir beaucoup mieux que celui plus usité de Tragédie. Avant tout, j'ai voulu conduire, à travers des événemens vrais, le fil historique qui les joint et les rattache aux autres événemens; je n'ai point cherché à *sacrifier l'histoire au désir de créer des fantaisies* plus ou moins intéressantes, comme cela se pratique beaucoup trop de nos jours dans les drames *à grand spectacle*. Tout l'intérêt a dû être concentré dans le développement et la peinture de grands caractères placés dans des situations fortes et terribles, de manière à rendre le spectateur témoin, pour ainsi dire, des événemens d'une des époques les plus extraordinaires, de manière à en faire mouvoir tous les ressorts sous ses yeux. Ce genre de pièces (*la Tragédie historique*) est le plus difficile à traiter et aussi le plus difficile à jouer.

Tous les faits que je rapporte, soit en action, soit en récits, sont *historiques;* fidèle à ce principe, j'ai dû mettre en vers certaines pièces (telles que *lettres*, *proclamations*, etc.) en leur conservant autant que possible non-seulement l'esprit mais encore la forme, au risque de n'avoir alors qu'une sorte de prose rimée, traduction textuelle du texte; j'ai tâché de peindre avec exactitude les portraits et les caractères des personnages qui sont en scène. Après avoir montré Charlotte Corday dans sa famille, dans ses rapports avec les Girondins, puis au milieu de cette mer houleuse sur laquelle elle s'aventura dans l'espoir de sauver son pays, bravant les écueils et la tempête et ne songeant pas au naufrage, puis enfin au pied de l'échafaud, j'ai, par opposition, esquissé le portrait de Marat, comme ombre au tableau; j'ai peint les misères morales de *l'Ami du peuple* ainsi que ses misères physiques. Le second acte est destiné à montrer Marat au point de vue politique, social, philosophique et religieux.

Je repousse, d'avance, toute solidarité d'opinions et d'idées avec celles que j'ai placées dans la bouche de mes personnages, solidarité qui pourrait être perfidement établie par certaines critiques, échos de *l'esprit de parti*, voulant me faire passer pour un homme imbu de principes *hostiles à l'esprit d'ordre et de religion* dont la société a tant besoin!.. Il ne s'est nullement agi, pour moi, de savoir si mon œuvre plairait ou non à telle opinion plutôt qu'à telle autre; je me suis placé (comme dans tous mes précédens écrits sur l'enseignement public), *en dehors de tous les partis*, ne voulant être ni *l'instrument* ni *la dupe* d'aucun d'eux, afin de me réserver la liberté d'approuver le bien et de blâmer le mal *de quelque part qu'ils viennent!!*. Traçant un tableau d'histoire, j'ai dû rendre les personnages ressemblans, sous peine de manquer à la vérité et à l'exactitude : cela explique pourquoi Charlotte Corday tient parfois un langage inspiré de Voltaire et de Rousseau, dont elle se nourrissait l'esprit; et pourquoi Marat parle en termes si violens (que j'ai pourtant adoucis) des abus et des privilèges de la noblesse et du clergé; on sait que ce démocrate protestant envoyait les prêtres et les nobles par milliers à l'échafaud !

Cette pièce, conçue d'abord en cinq actes, a été successivement réduite à quatre actes, puis enfin à trois, le sujet ne comportant pas réellement un plus grand développement à moins de réfroidir l'intérêt et l'action par des longueurs inutiles.

Sur les conseils pressans de mes amis, je me suis rendu à Paris, au mois d'Octobre dernier pour faire représenter ma Tragédie à l'Odéon; après les démarches d'usage en pareil cas, je dus renoncer à ce projet, *la Censure ne voulant absolument pas permettre la représentation d'une pièce où* MARAT EST EN SCÈNE!!..... Voilà où en est la liberté en France, dix-sept ans après la Révolution de Juillet et sous un gouvernement qui se dit fort et intelligent, qui prétend protéger et encourager les arts!!.. Quelle pusillanimité!... avoir peur de *l'ombre de Marat au théâtre..... en* 1847!!.. c'est le *nec plus ultrà* de la couardise! De retour à Bruxelles j'ai fait imprimer cette Tragédie, destinée primitivement à n'être qu'une œuvre littéraire : c'est à ce titre que je la livre au public en ce moment, ne sachant pas encore si, par suite de l'état de crise dans lequel se trouve le Théâtre Royal à Bruxelles, la représentation de ma pièce pourra avoir lieu.

Bruxelles, le 15 Décembre 1847.

DISTRIBUTION DE LA PIÈCE.

CHARLOTTE CORDAY.

MADAME DE BRETTEVILLE, tante de Charlotte.

MADAME DE BELZUNCE, ancienne Abbesse de l'*Abbaye aux Dames* à Caen.

Mʳ DE COULONGES, vieux royaliste, ami de Mesdames de Belzunce et de Bretteville.

FRANQUELIN, amant de Charlotte Corday.

BARBAROUX,
LOUVET,
PÉTHION,
BUZOT,　} Girondins proscrits réfugiés à Caen.
VALADY,
SALLES,
MARAT.

CAMILLE DESMOULINS.

FOUQUIER-TAINVILLE, accusateur public.

L'ABBÉ BASSAL, ami de Marat, Curé constitutionnel à Versailles.

CATHERINE ÉVRARD, concubine de Marat.

LAURENT BASSE, commissionnaire employé chez Marat.

CHABOT,
DROUET,　} Membres de la Convention Nationale.
LEGENDRE,

RICHARD, geolier de la Conciergerie.

MADAME RICHARD, sa femme.

UN COMMISSAIRE.

MEMBRES DES COMITÉS RÉVOLUTIONNAIRES.

LE BOURREAU.

GENDARMES. — VOLONTAIRES. — SANS-CULOTTES, ETC.

CHARLOTTE CORDAY,

TRAGÉDIE HISTORIQUE.

ACTE PREMIER.

Les Girondins.

La Scène se passe à Caen. — 9 Juillet 1793.

DÉCORATION.

Le jardin de la maison de Madame de Bretteville. — A gauche, la façade de la maison, avec des fenêtres en croisillons munies de vitraux octogones enchâssés dans des compartimens de plomb. Dans le coin, un puits à margelle de pierre verdie par la mousse et entouré de saules. — A droite, plusieurs massifs d'arbres et des parterres de fleurs dessinant quelques allées. — Au fond, un mur à hauteur d'appui, au milieu duquel se trouve une porte grillée donnant sur un escalier de pierre qui descend dans une rue basse. Dans le lointain les clochers de la ville.

SCÈNE PREMIÈRE*.

MADAME DE BRETTEVILLE, CHARLOTTE CORDAY, PÉTHION, LOUVET, BUZOT, VALADY, SALLES.

Madame de Bretteville est assise, à gauche, devant la porte de sa maison, et fait de la tapisserie; Charlotte Corday, assise sur un banc, à droite, paraît absorbée dans de profondes réflexions et parcourt de temps en temps un livre qu'elle tient à la main. Les Girondins groupés au milieu de la scène s'entretiennent des événemens du jour.

BUZOT.

Le salut du pays, son repos, son bonheur,
Tout dépend du succès de notre plan vengeur.
Il faut anéantir la funeste puissance
De nos cruels rivaux ; il faut sauver la France,

---

* Cette première scène peut être supprimée, sans inconvénient, à la représentation : l'action devient dans ce cas plus rapide.

L'affranchir au plus tôt d'un odieux pouvoir
Qui la pousse à sa perte.....

LOUVET.

Oui, c'est notre devoir.

VALADY.

Je disais bien, qu'un jour, pour calmer leur colère,
Pour assouvir, enfin leur rage sanguinaire,
Il faudrait, tôt ou tard, à ces fiers Jacobins,
Un vaste piédestal de cadavres humains !
Pour marquer dignement leur place dans l'arène,
Pour seconder les vœux du grand Billaud-Varenne
Et de Fouquier-Tainville, aux bouillonnans efforts,
Ils n'auront pas assez de cinq cent mille morts !...

PÉTHION.

Mais pourquoi donc toujours jeter aux gémonies
Des têtes par milliers ? Par combien d'agonies
Veut-on faire passer le pays désormais ?
Hélas ! d'un tel chaos sortirons-nous jamais ?
A ce terrible jeu c'est la France qu'on joue :
Le vaisseau de l'État précipite sa proue
Contre un sinistre écueil ; il faut d'habiles mains
Pour le bien diriger en de pareils chemins !...

MADAME DE BRETTEVILLE.

Vous avez prétendu, — c'était une folie !.. —
D'une société corrompue et vieillie
Régénérer le cœur, en changeant à la fois
Sa constitution, ses usages, ses lois ;
Pour faire réussir une telle entreprise,
Abattre les abus que le temps fertilise,
Fallait-il, proclamant les citoyens égaux,
Enfouir l'égalité dans le fond des tombeaux,
Et prendre pour moyens d'action, de justice,
Le meurtre, la prison, et le dernier supplice ?.....
Sans vous, sans votre appui, jamais les Montagnards
N'auraient sur l'innocence abattu leurs poignards !...

PÉTHION.

Vous pouvez déplorer nos campagnes passées,
Mais soyez juste envers nos actes, nos pensées;
Car nous avons toujours fait respecter nos droits
Et notre liberté, sous l'égide des lois!
Les Jacobins vainqueurs, enivrés par leurs crimes,
Ont vu dans la Gironde un troupeau de victimes,
Et nous ont condamnés, dans leur lâche fureur;
Mais bientôt va tomber le joug de la Terreur!

LOUVET.

Pour chasser nos tyrans l'occasion est mûre,
L'étranger nous menace et la France murmure;
Marat, voulant soumettre à son hideux niveau
Tous ses concitoyens, s'en est fait le bourreau;
Ce monstre furieux, de ses mains cannibales,
Dresse tous les matins des listes colossales
Où des noms, par milliers, de deux couleurs inscrits,
Sont classés sur deux rangs, les morts et les proscrits!
Nous devons renverser ce Montagnard cynique
Et vaincre, à notre tour, sa sombre politique!
Citoyens, ce n'est pas assez de murmurer;
D'un fléau si terrible il faut nous délivrer!!...

Charlotte Corday lève les yeux au ciel et soupire, puis retombe dans ses réflexions.

MADAME DE BRETTEVILLE.

Mais, avant d'attaquer, de songer à détruire,
Sans doute, vous avez un plan pour reconstruire;
Car il ne suffit pas, pour le bien de l'État,
De renverser Danton, Robespierre et Marat!
Il est vrai, ces tyrans, à la vengeance avide,
Aux féroces instincts, à la rage homicide,
D'une longue discorde agitant les flambeaux,
De la patrie en deuil s'arrachent les lambeaux;
Mais enfin, après eux, viendront les représailles
Entre tous les partis rallumant les batailles,
Et le pouvoir, alors, impossible en vos mains,
Sera repris d'assaut par d'autres assassins

Qui, pour vous perdre encor, flattant l'aveugle masse,
Vous rendront odieux et prendront votre place.
Quand on livre le peuple à ses instincts fougueux,
Il devient trop souvent un appui désastreux
Dans les mains du pouvoir ou de la multitude,
Et sous un autre nom règne la servitude !....

BUZOT.

Madame, notre plan est déjà tout tracé.
Assurer l'avenir, réparer le passé;
Faire régner les lois, rallumer l'espérance,
Rendre enfin le bonheur et la paix à la France !
Arracher l'innocent de la main du bourreau...
Régénérer le peuple, et, sous un jour nouveau,
Présenter à ses yeux, et sans honte et sans crimes,
Le triomphe certain de ses droits légitimes.
Protéger fortement la Révolution,
Chasser ses ennemis de la Convention;
Empêcher le retour de l'horrible anarchie,
Qui cause nos malheurs et perd notre patrie !..
Tel est notre projet. En prenant le pouvoir,
Nous voulons accomplir cet important devoir !
C'est en nous désormais, en notre expérience,
Que tous les bons Français ont mis leur confiance !

MADAME DE BRETTEVILLE.

Et pour réaliser ce plan, bien médité,
Suffit-il d'en avoir la ferme volonté ?
Ne comptez-vous pour rien cette foule d'obstacles
Que vous susciteront vos rivaux, ces oracles
Dont la terrible voix entraîne avec ardeur
La populace aveugle et son flot destructeur ?

BUZOT.

Il nous faudra combattre et tenter la fortune !....

Au moment où Buzot prononce ces mots, Barbaroux arrive par l'escalier du fond et s'avance
en saluant Madame de Bretteville ainsi que Charlotte Corday qui ferme son livre et parait moins
préoccupée dès qu'elle le voit. Il donne la main aux Girondins qui l'entourent avec curiosité.

SCÈNE II.

LES MÊMES : BARBAROUX.

BARBAROUX.

Apprenez, Citoyens, que la sombre Commune
Nous trouve trop heureux de n'être qu'exilés !
De nous savoir en vie ils sont tous désolés.
Marat prétend bientôt faire tomber nos têtes !....

Charlotte Corday se lève tout-à-coup et fait un mouvement qu'elle réprime aussitôt.

CHARLOTTE CORDAY, *à part.*

Oh ! ciel !... à l'horizon s'amassent des tempêtes.....

MADAME DE BRETTEVILLE, *regardant Charlotte avec étonnement.*

Qu'est-ce donc ?

CHARLOTTE CORDAY, *se rasseyant.*

Rien, ma tante !..

BARBAROUX, *les yeux tournés vers Charlotte Corday qui l'écoute*
avec ardeur.

En leur culte insolent
Pour cette liberté qu'on adore en tremblant,
Ils dressent des autels, immolent des victimes,
Et pensent l'honorer, la servir par leurs crimes !
Ils ne comprennent pas que, dans ce sang humain,
Leurs pieds peuvent glisser au milieu du chemin !.........
Oui, de nos oppresseurs renversons la puissance !
Brisons le joug de plomb qui pèse sur la France.
Moins à plaindre, autrefois, sous ses anciens tyrans !
Unissons nos efforts, nos vœux persévérans :

Avec force après un mouvement de silence.

Que par tout le pays notre appel retentisse !
Qu'à la Gironde, un jour, le destin soit propice !..
Puissions-nous mettre un terme à tant de vils exploits,
Et rétablir enfin le triomphe des lois !!...

LOUVET, *tirant des papiers de sa poche.*

De tous côtés, déjà, la phalange s'apprête
A lutter chaudement; Wimpfen est à sa tête :
Après avoir reçu de la Convention
Un ordre de rappel, sur sa décision
De le charger aussi du soin de sa défense
Et d'en faire le chef des corps de résistance,
Wimpfen a répondu qu'il voulait revenir
Non pas comme un sauveur, mais pour anéantir
Un pouvoir odieux que la France méprise !
Grâce à son dévouement, à sa noble franchise,
Nous aurons pour appui ce vaillant général.

MADAME DE BRETTEVILLE, *soupirant.*

Qu'il nous rende la paix et le pouvoir légal !...

LOUVET.

J'ai fait, par nos agens, semer au sein des villes
Des proclamations brûlantes et fébriles,
Qui doivent exciter les esprits et les cœurs
A punir nos tyrans et nos persécuteurs.

Charlotte Corday écoute attentivement.
Lisant.

« Citoyens, ai-je dit, vers Paris va se rendre
« Une puissante armée en marche pour défendre
« Vos droits qu'on méconnait et votre liberté;
« Elle vient renverser un pouvoir détesté !
« Quand vous verrez passer ces vaillantes cohortes,
« Des villes, sous leurs pas, faites ouvrir les portes,
« Car ce sont des amis, de fidèles soutiens
« Qui vont fraterniser avec les Parisiens !... »

CHARLOTTE CORDAY, *à part.*

C'est la guerre civile !!...

BUZOT, *faisant un geste pour partir.*

                              Allons ! il faut nous rendre
A la réunion; nous devons nous entendre

Sur ce point important de savoir qui de nous
Sera le chef suprême et nous guidera tous.
Dans un vaste complot le défaut d'harmonie
De ses membres toujours prépara l'agonie,
Et dans notre parti l'absence d'unité
Réduirait notre plan à la stérilité!...

Les Girondins se retirent pour se rendre au Palais de l'ancienne Intendance situé dans la voisinage. Barbaroux reste en arrière et arrange quelques papiers. Charlotte Corday, après avoir posé son livre sur le banc et laissé partir sa tante, s'avance vers lui et l'arrête.

MADAME DE BRETTEVILLE, *à part, en s'en allant.*

Que Dieu prenne pitié du sort de la Gironde,
Et nous préserve tous de l'orage qui gronde!

Haut.

Citoyen Valady, donnez-moi votre bras.

VALADY.

Vous nous accompagnez?..

MADAME DE BRETTEVILLE.

                Oui, pendant quelques pas :
Je vais près de Saint-Jean, dans notre voisinage;
En rentrant au palais, c'est sur votre passage.

Elle sort par le fond en prenant le bras de Valady, qui suit les autres Girondins.

BARBAROUX, *pliant quelques papiers en partant.*

Dans ces jours où la France offre de tous côtés
Des ennemis puissans, des amis révoltés,
Il faut que dans nos mains la direction reste
Sous peine de produire un résultat funeste.
A l'unité sachons rattacher nos efforts :
C'est l'unité qui rend nos rivaux les plus forts!

Il va pour descendre l'escalier, Charlotte le retient.

SCÈNE III.

BARBAROUX. CHARLOTTE CORDAY.

CHARLOTTE CORDAY.

Citoyen Barbaroux!..

BARBAROUX, *se retournant.*

Quoi! c'est vous Citoyenne?
Quel motif, maintenant, sur mes pas vous amène?..

CHARLOTTE CORDAY, *à part.*

Courage! poursuivons notre hardi projet;
Et que rien, malgré moi, n'en livre le secret!
Haut.
Citoyen Barbaroux, vous dont le caractère
Est noble et généreux, écoutez ma prière.....

BARBAROUX, *avec étonnement.*

Une prière!... à moi qui n'ai plus de pouvoir?...

CHARLOTTE CORDAY, *revenant sur le devant de la scène.*

Vous possédez celui d'entretenir l'espoir!
Depuis que j'entendis, dans votre résidence,
Retentir des proscrits la brûlante éloquence,
Mon cœur fut agité; le son de votre voix
D'un sentiment nouveau me pénétra parfois.....

BARBAROUX, *à part, l'examinant avec attention.*

De cet étrange aveu que puis-je donc attendre?
Haut.
Poursuivez, car je suis heureux de vous entendre
Parler ainsi......

CHARLOTTE CORDAY.

Dès lors je conçus un projet.....

BARBAROUX.

Et lequel?

CHARLOTTE CORDAY.

Citoyen, c'est un profond secret
Que je garde pour moi, que nul ne doit connaître!

BARBAROUX.

Et que j'ai deviné, déjà, je crois?...

CHARLOTTE CORDAY, *avec inquiétude.*

> Peut-être!!.....

BARBAROUX, *à part.*

Pourquoi se trouble-t-elle, en détournant les yeux ?
D'où vient son embarras, son air mystérieux ?
Je ne puis m'expliquer cette ardeur qui l'enflamme,
Et je sens que mon cœur cède à sa tendre flamme!...
Haut.
Citoyenne, en ce jour, puisqu'un heureux hasard
Nous laisse sans témoins, souffrez que pour ma part,
Dédaignant les détours d'un banal artifice,
Et voulant mettre fin à mon plus grand supplice,
J'ose vous exprimer le tendre sentiment
Qu'a fait naître en mon sein le noble attachement
Que vous avez montré pour notre grande cause.
Charlotte Corday va pour parler, mais Barbaroux l'en empêche et continue.
Oh ! oui, vous avez fait une sublime chose
En venant nous entendre au palais, chaque jour ;
Car vous avez changé ma colère en amour !
Lorsque je vous voyais paraître dans l'enceinte,
Je croyais voir alors s'avancer une sainte,
Un ange descendu du ciel pour nous sauver !...
Charlotte Corday fait un mouvement et lève les yeux au ciel.
Et mon esprit ardent se sentait élever.

CHARLOTTE CORDAY, *d'un ton sévère.*

Modérez, Citoyen, l'ardeur qui vous anime ;
Écouter cet aveu, pour moi c'est presque un crime,
Car j'ai, depuis long-temps, conçu le noble amour
Que je veux conserver pur comme au premier jour !
Cessez de me tenir un semblable langage,
Je ne pourrais y voir qu'un téméraire outrage !

BARBAROUX.

Hélas! vous qui, naguère, avez su me charmer,
Vous repoussez mes vœux?... pourquoi vous alarmer?...

CHARLOTTE CORDAY.

J'ai, pour celui que j'aime, un culte en ma mémoire.
Ce n'est pas un héros, comme vous, plein de gloire;
Mais il a mon serment, et j'ai reçu sa foi :
Pour les cœurs vertueux la parole fait loi!...

BARBAROUX.

La gloire, dites-vous? c'est un amer breuvage!
Son ivresse est cruelle; et mieux vaut l'esclavage
Au sein d'un tendre amour qui parfume le cœur,
Et répand sur la vie un céleste bonheur!
Citoyenne, à mes yeux, ma plus belle victoire
Serait d'être à vos pieds! Eh! qu'importe la gloire,
Celle que l'on acquiert en de brillans combats,
Ou bien à la tribune au milieu des débats,
Si l'on n'est pas aimé!...

Charlotte Corday fait un mouvement pour se retirer, Barbaroux l'arrête.

                Pardon! je vous offense,
Et pour vous obéir je garde le silence.

CHARLOTTE CORDAY, *avec dignité.*

Citoyen Barbaroux, je ne puis, je ne veux
Écouter plus long-temps de semblables aveux!
C'est assez sur ce point, sinon je me retire.....

BARBAROUX, *avec respect.*

Mais vous aviez, je crois, quelque chose à me dire?
Ne pourrais-je savoir, au moins, par quel moyen
Rendre utile pour vous ce trop court entretien?...

CHARLOTTE CORDAY.

Mon Dieu! je ne sais plus ce que je venais faire!

Cherchant.

Ah! c'est cela : J'y suis; c'était pour une affaire
Importante; il s'agit, par le gouvernement,
De faire révoquer un cruel jugement..
Au ministre il faudrait remettre une demande
En faveur d'une amie, et je veux qu'il m'entende

Lui dire qu'elle a droit à tout son intérêt.
C'est une jeune fille entraînée à regret
En émigration, qui, depuis son enfance,
Vit au fond de la Suisse en proie à l'indigence!

BARBAROUX.

Comment la nommez-vous?

CHARLOTTE CORDAY.

                        Son nom est de Forbin.
Elle est noble, et je crois que l'esprit Jacobin
Avec acharnement travaillera contre elle;
Aussi, pour triompher d'une haine cruelle,
Je veux aller moi-même à Paris pour plaider
Cette cause; et j'ai foi, pour me bien seconder,
Dans votre noble appui.

BARBAROUX.

                        Cet appui, Citoyenne,
Sera pour votre but, je le crains, une gêne;
Car, auprès du pouvoir, un malheureux proscrit
Ne peut plus posséder un utile crédit.

CHARLOTTE CORDAY.

Mais alors, dites-moi, que me faudra-t-il faire?

BARBAROUX.

J'attache un très-grand prix au bonheur de vous plaire,
Et je veux de votre âme éloigner tout regret.
Allez voir, à Paris, mon ami Duperret,
Girondin oublié par la sombre Commune
Dans sa proscription, comme on voit sur la dune
Le flot houleux qui glisse oublier son butin!
Il vous enseignera lui-même le chemin;
Et votre amie, alors, ayez-en l'espérance,
Verra, par ses efforts, annuler sa sentence!

CHARLOTTE CORDAY.

Que le ciel vous entende!

BARBAROUX, *avec tristesse.*

Et vous voulez partir?...

CHARLOTTE CORDAY

Il faut savoir oser quand on veut réussir!....
Je compte, dès ce soir, m'éloigner de la ville.
Mais, j'y songe, avant tout il me paraît utile
D'emporter avec moi l'autorisation
D'aller de votre part, à la Convention,
Parler à votre ami; dites, que vous en semble?

BARBAROUX.

Je suis de cet avis : voici l'heure où s'assemble
Notre Commission que je dois présider;
Je me retire donc, car je ne puis tarder.
Je reviendrai bientôt, comptez sur ma promesse,
Vous remettre, en ces lieux, la lettre que j'adresse
A Duperret.

CHARLOTTE CORDAY.

Merci, mon noble protecteur!
Car ce nom qu'aujourd'hui vous décerne mon cœur
Vous l'avez mérité; c'est par vous que j'espère!!..

BARBAROUX, *s'éloignant en saluant Charlotte Corday.*

Que ne puis-je obtenir un titre moins sévère!.....

CHARLOTTE CORDAY, *avec exaltation.*

Je sens avec bonheur tout mon cœur s'émouvoir,
Car je vais accomplir un sublime devoir!....
Oui, nous la sauverons cette France chérie,
Ce pays de héros, cette belle patrie,
Pour laquelle on voudrait sacrifier ses jours,
Et que l'on doit aimer du plus saint des amours!!

BARBAROUX, *à part, s'arrêtant en entendant ces mots.*

Cette voix qui m'enivre et ce noble langage
Semblent tomber du ciel comme un heureux présage!

Que veut-elle donc dire... et quel est son projet ?...
Allons, et préparons la lettre à Duperret.

Il sort en jetant sur Charlotte Corday un regard de tendre admiration.

SCÈNE IV.

CHARLOTTE CORDAY, *seule*.

Enfin, j'ai triomphé de sa vive tendresse,
Et n'ai point à rougir d'une indigne faiblesse!
Oh! oui, tout mon amour n'est que pour Franquelin;
Je veux le lui garder intact jusqu'à la fin!.....
Maintenant je comprends pourquoi l'on me soupçonne :
De me voir au palais, souvent, chacun s'étonne;
Barbaroux, à leurs yeux, passe pour mon amant,
Parce que pour l'entendre un secret mouvement
M'entraîne chaque jour au pied de la tribune
Qu'illustre son talent et sa noble infortune!
Oh! le monde est injuste, et cela fait pitié
Quand on est innocent d'être calomnié!
D'où vient donc qu'il se pose en juge si sévère
Ce monde qui, pourtant, n'est qu'un hideux ulcère!...
Il faudra qu'il apprenne à me connaître un jour,
Et comment je comprends et la haine et l'amour!!

Elle rentre dans la maison.

SCÈNE V.

MAD. DE BRETTEVILLE, *puis* MAD. DE BELZUNCE, Mʳ DE COULONGES.

MADAME DE BRETTEVILLE, *montant l'escalier du fond et s'avançant pensive.*

Charlotte, depuis peu, semble triste et rêveuse :
Qui peut troubler son âme et son humeur joyeuse?

Elle s'assied dans son fauteuil.

Hier j'ai, sur sa table, entre autres lu ces mots :
« La gloire avec l'amour, même au fond des cachots
« Doit semer sur la vie un bonheur indicible!!.. »
Des extraits de Plutarque et de la sainte Bible
Par elle commentés, ainsi que des fragmens
De Rousseau, de Voltaire, et de divers romans,

M'ont révélé des goûts bien rares à son âge ;
Tout en elle est changé ! Tout, jusqu'à son langage !

D'un air inquiet.

Quelque flamme aurait-elle embrâsé ses esprits
Pour un de ces héros, des Girondins proscrits ?....
Ah ! je l'entends, je crois : tâchons avec prudence
De tout savoir enfin ; mais non, vers moi s'avance
La vénérable abbesse avec son vieil ami.

Madame de Belzunce et Mr de Coulonges arrivent par le fond et viennent s'asseoir à côté
de Madame de Bretteville.

MADAME DE BELZUNCE.

Près de vous, mon courage, encor mal affermi,
Pourra, j'en ai l'espoir, vaincre cette tristesse
Qui me déchire l'âme et m'agite et m'oppresse....

MADAME DE BRETTEVILLE.

De grâce, calmez-vous ; dissipez vos regrets ;
Car, vous ne devez pas, victime de ses traits,
Toujours entretenir une douleur amère
Que seule pour un fils doit avoir une mère !

MADAME DE BELZUNCE.

Ce souvenir affreux ne quitte plus mon cœur ;
Malgré moi je n'ai pu surmonter ma douleur,
Car j'aimais ce neveu de l'amour le plus tendre,
Comme mon propre enfant ; je crois encor l'entendre
M'appeler du doux nom de mère... et dans mes bras
Le voir encor pressé lorsqu'il partit, hélas !
Pour ne plus revenir !!.. A l'aurore de l'âge
Mon pauvre Henri mourut, victime de la rage
De ce peuple hideux que pousse un scélérat,
Son idole, son Dieu, le féroce Marat !...
Je vois encor d'ici, parcourant notre ville,
Ces monstres excitant à la guerre civile,
Pillant, assassinant, dans leur sombre fureur,
Et partout, sous leurs pas, répandant la terreur !...
Ce jour-là, sur la place, on dit que la statue
De Judith a frémi ; chacun croit l'avoir vue

Dans une main tenant un glaive teint de sang
Et dans l'autre une tête au regard menaçant,
Lorsqu'Henri, sous ses pieds, tomba dans la poussière,
Murmurer, en tremblant, sur ses lèvres de pierre,
Ces deux mots, ces deux noms : « *Holopherne!.. Goliath!..* [*] »
Oui, le sang répandu dans cet assassinat,
Ce sang infortuné, cet horrible carnage,
Ces massacres affreux, accomplis sans courage,
Un jour retomberont sur leurs lâches auteurs !...
Du trône et de l'autel ces fougueux destructeurs
Ne savent même pas, dans leur haine implacable
Distinguer, en frappant, l'innocent du coupable ;
Ils condamnent à mort sur un simple soupçon,
Et font de corps humains une horrible moisson !!

M^r DE COULONGES.

Terre de Saint-Louis, es-tu donc condamnée
Par le ciel à subir pareille destinée ?
D'un paisible avenir faut-il perdre l'espoir ?
Devais-je si long-temps, hélas! vivre pour voir
De mes yeux attristés notre pauvre patrie
Sous un joug si honteux bassement avilie ?..

MADAME DE BRETTEVILLE.

Oh! non ; j'espère encor, malgré tous nos malheurs,
Que Dieu prendra bientôt pitié de nos douleurs ;
Et qu'il fera cesser sous peu notre misère,
En nous rendant la paix, à notre âge si chère !
Mais que se passe-t-il, et que dit-on? parlez !

MADAME DE BELZUNCE.

Rien qui puisse affermir mes esprits désolés.

Charlotte Corday sort de la maison et va poser un petit paquet sur la margelle du puits.
Elle s'approche peu à peu en écoutant attentivement.

On entend le tocsin sonner de ville en ville ;
Et partout l'échafaud et la guerre civile

---

[*] De chaque côté de la grande porte de l'hôtel-de-ville à Caen, il y a deux statues représentant, d'un côté Judith et de l'autre David, avec les têtes d'Holopherne et de Goliath dans leurs mains....

Répandent la terreur : hélas! Paris, demain
Peut voir les ennemis introduits dans son sein ,
Par cent mille émigrés, qu'une trop juste haine
Contre la République exaspère et déchaîne.
Je tremble pour la France et pour nous, car enfin
Quand un peuple est si bas il est près de sa fin!
Voilà ce que nous vaut cette horrible anarchie
Qui remplace aujourd'hui l'antique monarchie!...
O France, Dieu te garde un funeste avenir;
Dans des larmes de sang cache ton repentir!
En immolant ton roi tu massacras ton père
Qu'aurait dû respecter ton injuste colère;
Car le jour où le ciel nous envoya des rois
Au peuple il ordonna de respecter leurs droits!..
Du Seigneur, ici-bas, oui les rois sont l'image;
Jamais ils ne devraient, par une aveugle rage,
Voir leurs jours menacés, voir leur trône abattu....
Le trône est le berceau, l'appui de la vertu!!..
Oui, la France est maudite, et toujours sur la terre
On la verra traîner l'opprobre et la misère!!...

MADAME DE BRETTEVILLE.

Apercevant Charlotte Corday qui vient s'asseoir, après avoir salué ses vieux amis.

Voici Charlotte enfin!...

SCÈNE VI.

LES MÊMES; CHARLOTTE CORDAY.

CHARLOTTE CORDAY, *qui a entendu la fin de la conversation.*

            Je maudis, comme vous ,
Le régime odieux qu'on fait peser sur nous;
Quant à voir l'étranger, dans notre capitale,
Opérer, en vainqueur, sa marche triomphale,
Je crois que désormais le canon de Valmy
A brisé cet espoir au cœur de l'ennemi.
Vous tremblez, dites-vous, pour le sort de la France?
Et moi, je crois encore à sa toute-puissance!
J'entrevois mon pays, dans un court avenir,
Libre, régénéré; je le vois rajeunir

Au milieu de l'Europe étonnée, abattue,
Grâce à la liberté tant de fois combattue!...

MADAME DE BELZUNCE.

Mais sur quoi fondez-vous ce confiant espoir?

CHARLOTTE CORDAY.

J'ai le pressentiment que, sous peu, le pouvoir
En de meilleures mains sera remis, Madame;
Et j'ai foi, devant vous ici je le proclame,
Dans la brûlante ardeur de nos grands Girondins,
Pour abattre à jamais les cruels Jacobins.
Tout peut être sauvé par de semblables hommes!....

M^r DE COULONGES.

Mais quel est le sauveur, le héros, que nous sommes
Appelés, selon vous, à bénir comme un Dieu?

CHARLOTTE CORDAY,.

C'est un tribun ardent : sa parole est de feu!
Mon admiration pour son beau caractère
Est sans bornes : aussi c'est en lui que j'espère
Pour nous régénérer!...

MADAME DE BELZUNCE.

Et son nom?...

CHARLOTTE CORDAY.
Barbaroux.

MADAME DE BRETTEVILLE, *à part.*

Toujours lui!

CHARLOTTE CORDAY, *avec feu.*

Que Marat redoute son courroux!...

MADAME DE BELZUNCE.

C'est sur de tels soutiens que votre espoir se fonde?
Mais l'orage est venu des rangs de la Gironde

2

L'avez-vous oublié? Lors du royal trépas,
Près du trône en débris qui fit sonner le glas?
Ce sont les Girondins unis à la Montagne!...
Ils vantent, maintenant, battus dans leur campagne,
L'appel au peuple alors conçu, voté par eux;
Mais ils ont mis à mort un monarque pieux!...
Entraînés par la haine, éblouis de vertiges,
Du trône ils ont tenté d'effacer les vestiges,
Et l'écho, répondant à leurs vœux délirans,
A redit après eux : « Mort à tous les tyrans!.. »
Depuis lors, reculant devant leur propre ouvrage,
Ils ont voulu calmer l'impitoyable rage
Des chefs de la Commune aux sanglans appétits;
Mais il était trop tard! Et ces hommes maudits
Marchant l'œil en courroux, la hache toujours prête,
Fléaux dévastateurs qu'aucun crime n'arrête,
Ont lancé le soupçon, ce trait empoisonné
Qui perdit la Gironde! En ces lieux cantonné
Ce parti cherche en vain, du pouvoir qui domine,
A renverser le joug pour hâter sa ruine;
Il ne peut réussir!.... Ce fougueux Barbaroux
Convoite d'un regard ambitieux, jaloux,
Dans le fond de son cœur, la suprême puissance,
Pour assouvir un jour sa haine et sa vengeance
Contre les dictateurs trônant aux Comités,
Mais non pour mettre fin à nos calamités!

CHARLOTTE CORDAY.

Par respect pour votre âge, et par égard, Madame,
Pour le doux souvenir qu'ont laissé dans mon âme
Vos conseils maternels et vos bonnes leçons,
Je ne veux pas ici relever vos soupçons
Et venir vous prouver toute leur injustice;
Je devrais, pour cela, laissant tout artifice,
Donner un libre cours à mes opinions
Et blesser votre cœur et vos convictions.
Je laisse à l'avenir le soin de vous confondre;
A vos préventions c'est à lui de répondre.
Avec un accent inspiré.
Mais je crois qu'il advient, ici-bas, un moment

Où Dieu voulant donner un grand enseignement
Semble marquer du doigt le front d'une victime.....
Inspirer la vengeance et la rendre sublime!....

Madame de Bretteville, Madame de Belzunce et Mr de Coulonges se regardent étonnés de ce langage.

MADAME DE BELZUNCE.

Il est vrai, Dieu, parfois, veut éprouver nos cœurs;
Et dans nos grands succès, comme dans nos malheurs,
Parfois il fait sentir le poids de sa colère;
Le triomphe orgueilleux est alors éphémère!
Jamais, croyez-le bien, devant son tribunal,
Le crime et la vertu n'ont un mérite égal;
S'il absout le coupable, en sa sainte clémence,
C'est qu'il lit dans son cœur : répentir ou démence!...
Charlotte, votre esprit, autrefois si fervent,
Quand vous passiez vos jours loin du monde, au couvent,
N'aurait jamais admis les bizarres pensées
Qu'ont fait naître depuis des erreurs insensées!
Quel profond changement!

MADAME DE BRETTEVILLE, *avec tristesse et sévérité.*

                        Oui, je dois te blâmer,
Charlotte, de laisser ton esprit s'enflammer
Pour quelques Girondins que Marat persécute
Depuis que la Montagne a vaincu dans la lutte.
Dans ces brûlans tournois, où coule tant de sang,
Et dont le sol maudit est toujours si glissant,
Le rôle de la femme, au milieu des tortures,
Elle, si faible, hélas! parmi les créatures,
Est de gémir des maux qui nous tombent des cieux
Et de prier tout bas les larmes dans les yeux!
Crois-moi, ne souille point ta bouche virginale
Des imprécations qu'une voix infernale
Peut seule proférer contre des ennemis
Que pour notre malheur les enfers ont vomis.
Songe que de nos jours le règne de la hache
Est tout-puissant, un geste imprudent la détache;
Pense aux suites que peut entraîner un propos
Porté jusqu'à Paris par de traîtres échos!....

En disant ces derniers mots, madame de Bretteville se lève en soupirant et rentre dans
sa maison avec madame de Belzunce et Mr de Coulonges.

SCÈNE VII.

CHARLOTTE CORDAY, *restée seule*, *pensive*.

« Quel profond changement!.. » a dit la digne abbesse
En me quittant; sa voix, exprimant la tristesse,
D'imprudence et d'erreurs vient m'accuser à tort;
Son blâme, ses regrets, me laissent sans remord.
Oh! oui, j'ai bien changé!.. Car l'amour et la haine
Jamais, jusqu'à ce jour, en mon âme incertaine,
N'avaient de leur pouvoir fait sentir les attraits!
Mais aujourd'hui mon cœur est percé de leurs traits;
Par ces deux passions mon âme est possédée;
De leurs combats secrets à chaque heure obsédée,
Elle aspire à savoir, par un dernier effort,
De ces deux sentimens quel sera le plus fort!!....

Elle s'assied sur le banc à droite et prend un livre qu'elle y avait laissé.

L'abbesse, que l'esprit monastique domine,
M'a parlé du couvent, espérant, j'imagine,
Faire passer en moi ses sentimens pieux
Et ranimer l'ardeur des goûts dévotieux :
Hélas! dans ces prisons, où l'âme recueillie
Renonce aveuglément aux luttes de la vie,
Où les cœurs, étouffés sous d'inhumaines lois,
Profanent la nature en méprisant sa voix,
Assez long-temps, déjà, soumise à leur empire,
Je vécus enfermée.... aujourd'hui je respire!!...
Le souvenir des jours qu'au couvent j'ai passés,
Les pleurs que dans ces lieux tant de fois j'ai versés,
Les tourmens qu'endura ma trop naïve enfance,
Ont laissé mon esprit glacé d'indifférence
Pour ces transports sacrés, ces frénétiques feux,
Ces mystiques soupirs dirigés vers les cieux...
Tout cet enseignement où la raison s'épuise,
Qui dessèche le cœur, l'use et le fanatise,
Ces fabuleux récits qu'on écoute en tremblant,
Ne peuvent raffermir notre esprit chancelant!
O vous, mes pauvres sœurs, victimes innocentes,
Dans votre oisiveté, dans l'exil languissantes,

Vous qui ne connaissez que ces faibles vertus
Qu'inspire la retraite en des cœurs abattus,
Loin du monde et du bruit vous vous croyez heureuses?
Oh ! combien je préfère à vos prisons affreuses,
A leur air sépulcral, à leur austérité,
Les sublimes élans de l'âme en liberté !.....

Après une pause.

L'autre jour, Barbaroux, prêchant à l'Intendance,
A dit en terminant : « C'en est fait de la France
« Si quelque Jeanne-d'Arc, messagère des cieux,
« Ne vient porter secours au pays malheureux !
« Il faut, pour nous sauver, désormais un miracle
« Inattendu!... » Sa voix me semblait un oracle
M'annonçant en secret que je devais partir,
Et du Ciel m'exprimant le souverain désir !...

Écoutant.

J'entends des pas... on vient... c'est lui même... je tremble..

Elle ouvre son livre.

SCÈNE VIII.

CHARLOTTE CORDAY, BARBAROUX.

BARBAROUX, arrive par l'escalier du fond.

Citoyenne, pardon; je reviens il me semble
En temps inopportun....

CHARLOTTE CORDAY, d'un air troublé.

Point du tout; je lisais.....

BARBAROUX.

Prenant le livre ouvert que lui présente Charlotte.

Quelque roman nouveau, sans doute, et plein d'attraits?..

Avec étonnement.

L'histoire de Judith!... La Bible!!!... A cette page
J'aperçois une marque, et plus bas un passage
Où vos doigts ont laissé la trace du crayon,
Pour le mieux signaler à votre attention....

Lisant.

Voyez : « Judith reçut sa beauté merveilleuse,
« Le courage, la force, une âme généreuse,
« Tous les trésors enfin, des mains de l'Éternel,
« Pour servir au salut du peuple d'Israël!... »
Et plus loin : « Ce sera, Seigneur, pour votre gloire
« Un monument fameux, une grande victoire,
« S'il périt de la main d'une femme!!. »

Barbaroux regarde avec étonnement Charlotte Corday qui reprend son livre et le ferme.

CHARLOTTE CORDAY, *avec embarras.*

En effet,
L'autre jour, j'ai marqué ce passage d'un trait.....
Cherchant.
Pour le petit Robert, à qui j'apprends à lire ;
C'est l'enfant d'un voisin......

BARBAROUX, *avec tendresse.*

J'ai voulu vous redire
Combien votre départ m'afflige, et la douleur.....

CHARLOTTE CORDAY, *l'interrompant, avec une émotion contenue.*

Oh! merci, Citoyen ; je connais votre cœur,
Et sa noble bonté ; mais avez-vous la lettre
Dont j'ai besoin ?.......

BARBAROUX, *tirant une lettre de sa poche et la remettant à Charlotte
Corday qui la serre dans son livre.*

Je viens en vos mains la remettre,
Ainsi que ce matin je vous l'avais promis :
Pour vous revoir encor j'ai quitté mes amis.
Avec intérêt.
D'aller seule à Paris n'avez-vous point de crainte?

CHARLOTTE CORDAY.

Non ; je vais accomplir une mission sainte.
Dieu guidera mes pas, croyez-le, Citoyen,

Et me fera trouver aisément mon chemin.
J'espère réussir, seule, en mon entreprise!...

BARBAROUX.

Je vous préviens, pourtant, n'en soyez point surprise,
Des obstacles nombreux surgiront sous vos pas,
Et vous éprouverez de bien grands embarras.
Les hommes du pouvoir se font inaccessibles;
Ils sont à la pitié devenus insensibles
Depuis que la terreur absorbe leurs esprits,
Et qu'ils forgent encor, pour nous, des fers maudits!..

CHARLOTTE CORDAY.

Rien ne m'arrêtera!.. (*à part.*) De leur noire injustice
Le règne va finir!.. Que le sort s'accomplisse!!...

BARBAROUX.

La France, en renversant et les rois et les grands
A leur place n'a pas voulu d'autres tyrans.
Le pays cependant se courbe sous un maître;
La liberté se meurt!....

CHARLOTTE CORDAY, *avec force.*

Elle est prête à renaître!
Vous la verrez sous peu fleurir avec la paix,
Et sur notre patrie étendre ses bienfaits.

BARBAROUX, *avec étonnement.*

Mais, d'où vous vient soudain cet air de confiance?
Vous parlez....

CHARLOTTE CORDAY, *avec réticence.*

De mes vœux et de mon espérance....

BARBAROUX.

Puissent-ils par le Ciel être un jour exaucés!
Et puissions-nous bientôt voir nos tyrans chassés!

Car, pour la liberté qui gémit expirante,
Notre pays s'épuise, en proie à l'épouvante.
Partout des intrigans, habiles à tromper,
Que leur intérêt seul fait mugir ou ramper,
Rêvant sur des débris leur puissance future,
S'abattent sur le sol marqué de leur souillure!
Le front haut et couvert du masque des vertus,
Du manteau des honneurs pompeusement vêtus,
Pleins de vices, du peuple augmentant la détresse,
Ils vivent d'infamie et de scélératesse!...
Intimider, corrompre, est-ce là gouverner?
C'est perdre le pouvoir et c'est le profaner!...
Hélas! nous n'avons plus de ces âmes stoïques
Capables de l'ardeur des siècles héroïques;
Tous les grands dévouemens sont éteints aujourd'hui :

Mouvement de Charlotte.

Plus que jamais la France, a besoin d'un appui!!...
Qui nous délivrera de ces hommes sinistres,
De l'enfer, de la mort, effroyables ministres,
Regardant comme un jeu de trahir leurs sermens?
Qui donc arrêtera tous leurs débordemens?...
Nous devons mettre un frein à leur lâche puissance,
Il faut donner à tous enfin leur récompense!...
Nous allons essayer, par l'insurrection,
D'arrêter tous ces maux; à la Convention
Nous allons imposer une autre politique.....

CHARLOTTE CORDAY.

Mais pourquoi tant de sang? hélas! la paix publique
Exige-t-elle donc tant de précieux jours?
Un si cruel combat ne peut durer toujours.

Avec exaltation..

Et bientôt la patrie..... (*à part.*) Oh! Ciel! qu'allais-je dire?
Je frémis, car je sens que mon projet transpire
A chaque mot.....

BARBAROUX.

Pourquoi tant de sang? Pour venger
La France! C'est à nous à la bien protéger

Contre ses ennemis qui veulent sa ruine,
Contre un monstre odieux dont le bras l'assassine!

CHARLOTTE CORDAY, *avec force.*

Oui, vous avez raison!.. (*écoutant.*) Citoyen Barbaroux
Entendez-vous ce bruit?... Il s'approche de nous.....

On entend des cris et des rumeurs dans les rues voisines et le roulement lointain du tambour.

BARBAROUX, *se penchant sur le mur pour regarder dans la rue.*

Ce sont les enrôlés, les braves volontaires,
Qui partent pour Paris, au secours de nos frères
Massacrés par milliers sous le fer des bourreaux;
Ils vont enfin venger ces martyrs, ces héros!.....
Je me rends à l'instant à notre résidence,
Où sont tous nos amis pleins d'ardeur, d'espérance;
Pour ranimer leur zèle en faveur des proscrits,
Il faut que par ma voix j'excite les esprits.

Il serre la main de Charlotte avec tendresse et la regarde avec émotion en parlant.

Je fais des vœux pour vous et pour votre entreprise;
Que loin de vos foyers le sort vous favorise!
Au revoir!...

CHARLOTTE CORDAY, *à part, avec force.*

C'est adieu qu'il faut dire en ce jour;
Car, sans doute, à la mort je marche sans détour!!...

SCÈNE IX.

CHARLOTTE CORDAY, FRANQUELIN.

*Au moment où Barbaroux descend l'escalier du fond, on aperçoit Franquelin
qui arrive, avec un fusil sur l'épaule. Il regarde Barbaroux s'éloigner, et se
cache derrière un massif d'arbres. Charlotte Corday qui s'est assise sur son
banc, à droite, se met à lire la lettre de Barbaroux.*

CHARLOTTE CORDAY, *tirant de son livre la lettre que Barbaroux
lui a remise.*

Cette lettre me cause un trouble involontaire :
Pourtant, j'ai confiance en l'avenir, j'espère!

Voyons ce qu'il écrit : ce n'est point un secret,
Puisqu'il s'agit de moi, de mon hardi projet.

Lisant*.

« Citoyen, d'un collègue accueillez la demande;
« C'est du fond de l'exil que je vous recommande
« Une jeune beauté de la ville de Caen,
« Qui veut avec ardeur, comme un bouillant volcan,
« Renverser tout obstacle à sa rapide marche.

Elle sourit.

« Elle vient à Paris pour faire une démarche
« En faveur d'une amie en émigration;
« Aidez de votre appui sa réclamation :
« Usez, à son égard, de toute l'influence
« Que vous pouvez avoir; en vous j'ai confiance.
« Recevez-la, surtout, comme ma propre sœur.... »

Avec émotion.

Quel touchant intérêt il me porte en son cœur !...
« Puisque l'occasion aujourd'hui se présente,
« Je veux vous annoncer une œuvre intéressante
« Sur l'état du pays et du gouvernement
« Que Salles, notre ami, publie en ce moment.
« C'est un utile écrit; dans ces jours de démence
« On devrait le répandre aux deux bouts de la France.
« Mais il ne plaira pas aux chefs du Comité
« Et c'est tant-pis pour eux. Salut, Fraternité!.. »

Elle plie la lettre de Barbaroux, la serre dans sa poche et reste pensive.

**FRANQUELIN, *à part, posant son fusil contre un arbre.*

Barbaroux dans ces lieux !!.... Autrefois si joyeuse,
Charlotte maintenant me paraît soucieuse......
D'où vient ce changement?... D'un bienheureux passé
Le souvenir, déjà, serait-il effacé?....
Oh! non; c'est impossible, et ma tête s'égare!..
Mais pourquoi, depuis peu, son silence bizarre
Quand je la suppliais, pour calmer ma douleur,
De m'écrire souvent?... pourquoi cet air rêveur?...
Je veux savoir enfin ce qui trouble son âme......

Il s'avance vivement vers Charlotte Corday.

* A supprimer à la représentation. — Passer de suite à la scène avec Franquelin.
** Reprise à la représentation. en supprimant la lecture de la lettre de Barbaroux.

CHARLOTTE CORDAY, *apercevant Franquelin, avec joie et étonnement.*

Franquelin!!.. de bonheur ta présence m'enflamme!..
Le Ciel guidant tes pas, près de moi te conduit;
Ton image partout comme une ombre me suit......

FRANQUELIN, *l'interrompant d'un air grave.*

Charlotte, réponds-moi : — le doute est un supplice; —
De notre ardent amour le cruel sacrifice
Fut-il, hélas! par toi froidement consommé?
Qu'est devenu ce feu par ton souffle allumé?...
En cédant en secret au pouvoir de l'absence,
Trahissant nos sermens, oubliant leur puissance,
De l'amour, dans ton sein si brûlant autrefois,
As-tu donc pu, sitôt, méconnaître les droits?...

CHARLOTTE CORDAY, *étonnée.*

Franquelin, de l'amour l'impression sacrée
Dans un cœur noble et pur n'est jamais altérée.
Il conserve toujours son culte et son ardeur
Et jamais ni l'oubli ni l'indigne froideur
Ne peuvent le troubler!.. Mais, d'où vient cette crainte
Qui te fait, en ce jour, m'exprimer une plainte?
Pourquoi donc ces soupçons injustes, outrageans?..

FRANQUELIN.

Sur ton compte on répand des récits affligeans,
Charlotte, et je frémis qu'oubliant tes promesses,
Tu n'aies d'un autre amant accueilli les tendresses.....

CHARLOTTE CORDAY.

Eh! quel autre que toi, malgré tous ses attraits,
Pourrait donc, Franquelin, remporter ce succès?

FRANQUELIN, *avec un accent de jalousie concentrée.*

Il en est un pourtant, que l'on cite, Charlotte;
Qui, tout-à-l'heure, ici....

CHARLOTTE CORDAY, *l'interrompant vivement.*

Qui donc?

FRANQUELIN.

Un Patriote,
Un de nos Girondins, que souvent à tes pas
On a vu s'attacher, et qui.....

CHARLOTTE CORDAY, *avec dignité.*

N'achève pas!..
Cet injuste soupçon est un sanglant outrage.
Oses-tu bien tenir un semblable langage
Et croire, Franquelin, ces propos venimeux
Que le monde prodigue aux êtres vertueux?
Dieu, qui lit dans nos cœurs, dont il perce l'abîme,
Et qui de la vertu sait distinguer le crime,
Dieu m'est témoin, ingrat, si de tout autre amour
J'ai jamais accueilli les feux jusqu'à ce jour.
Aux vœux d'un autre amant, moi, Charlotte, sensible?...
Oublier nos sermens?.. Oh! non; c'est impossible!
Non : tu ne l'as pas cru; n'est-ce pas, Franquelin?
Et tes soupçons, pourquoi?... Parce qu'un Girondin,
Barbaroux, qui, dit-on, me recherche et m'enchante,
Avec quelques proscrits vient parfois chez ma tante
Causer de nos malheurs, et que j'admire en lui
L'astre de l'avenir qui sur la France a lui!!....

FRANQUELIN, *avec douceur.*

O Charlotte, pardon! pardon pour mon offense!
Ma tête s'égarait en proie à la démence;
Ta voix pure et sincère a rassuré mon cœur;
Le regard qui trahit n'a pas tant de douceur!
Ta bouche, en me trompant, n'aurait pas tant de charme!
Je bannis pour toujours le reproche et l'alarme.
Et j'ai pu t'accuser?.. Oh! non, pardonne-moi;
Mon doute d'un moment n'a point changé ma foi.
Après un moment de réflexion.
Mais, Charlotte, dis-moi, qu'elle est donc cette lettre

Dont, tout-à-l'heure, ici, quand tu me vis paraître,
Tu semblais occupée avec ardeur.....

CHARLOTTE CORDAY, *l'interrompant.*

                              Je veux,
Pour calmer tes tourmens, te faire des aveux.
Depuis peu, Franquelin, dans mon âme oppressée,
A surgi, tout-à-coup, une grande pensée
Qui me poursuit toujours..... mais quel est donc ce bruit?..

On entend le bruit de la foule et des cris de *Vive la Liberté! Vivent les Girondins*, mêlés au roulement du tambour. -- Le bataillon de la Fédération Départementale destiné à marcher sur Paris se
rend sur la Grande Place pour être passé en revue par les Girondins proscrits et par les autorités
du Calvados.

FRANQUELIN, *à part.*

Oh! Ciel! comment lui faire aujourd'hui le récit
De mes projets?... (*Haut.*) On va se rendre à la revue
Sur la place, Charlotte, et de notre entrevue
Le terme est arrivé.....

CHARLOTTE CORDAY, *montrant le mur d'appui au fond.*

                    Pourquoi donc? En ces lieux
Nous pourrons voir passer les troupes sous nos yeux.

FRANQUELIN, *avec tristesse.*

Oh! non : c'est impossible! il faut que je te quitte......

CHARLOTTE CORDAY.

Que dis-tu, Franquelin; à t'éloigner si vite
Qui donc t'oblige?..

FRANQUELIN, *prenant son fusil.*

                  Hélas! il faut nous séparer.
Près de toi plus longtemps je ne puis demeurer;
Aux ordres de Louvet mes amis vont se rendre,
Ma place est auprès d'eux?...

CHARLOTTE CORDAY, *à part, avec étonnement.*

                  Ciel! que viens-je d'apprendre!
Son retour, dans nos murs, c'était pour s'enrôler!!...

Haut.

Mais, il fallait, au moins, Franquelin, me parler
De ce vaillant projet....

FRANQUELIN, *avec embarras.*

Je l'oubliai.... pardonne!...,

CHARLOTTE CORDAY, *avec enthousiasme.*

Oh! oui. Puisque la gloire aussi te passionne,
Franquelin, notre amour se trouve cimenté
Par celui que nos cœurs ont pour la liberté!
J'admire avec bonheur ton zèle et ton courage,
Et ce pur dévouement qu'avec toi je partage
Pour sauver le pays et lui rendre la paix;
Puissions-nous voir bientôt la fin des jours mauvais!

FRANQUELIN, *mettant un genou en terre.*

Comme un preux chevalier allant en Terre-Sainte,
Je jure, à tes genoux, sans remords et sans crainte,
De venger la patrie et de te rendre un jour
Mon cœur pur, glorieux, digne de ton amour!...

Le bruit et les cris recommencent. — Nouveau roulement de tambour. — Le son se rapproche. — Il
bat la marche. — On voit, au-dessus du mur, les baïonnettes, les chapeaux, les étendards s'agiter
dans l'air au milieu des cris de *Vivent les Girondins!. à bas Marat!.* qui retentissent dans les rues,
ainsi que le *Chant du Départ*, dont le refrain se perd au loin.

Se relevant.

C'est le signal : il faut partir. Bonne espérance!

Il lui baise la main

CHARLOTTE CORDAY, *avec feu.*

Que Dieu veille sur toi! qu'il protège la France!!!...

Franquelin rejoint les enrôlés. — Charlotte Corday lui fait des signes d'adieux avec son mouchoir,
par dessus le mur d'appui. - Dès qu'elle n'aperçoit plus Franquelin elle se met à pleurer et revient
tristement s'appuyer sur le bord du puits où elle avait laissé précédemment son petit paquet.

SCÈNE X.

CHARLOTTE CORDAY, *seule.*

Franquelin dans leurs rangs est parti!... je ne peux
Le laisser s'exposer à périr avec eux.
Il faut les devancer et leur sauver la vie.
Mon bras saura bien seul briser la tyrannie!

Pour atteindre ce but je donnerai mon sang;
Ne laissons pas verser celui de l'innocent!....
Ces braves citoyens, enrôlés volontaires,
Tous ces vaillans soldats, ces bandes populaires,
Qui marchent sur Paris où les attend la mort,
Tous ces cœurs généreux qu'anime un saint transport,
Pour abattre Marat, briser ce monstre infâme,

Avec exaltation.

C'est trop!.. car il suffit de la main d'une femme!!...

Après une pause.

Partons sans plus tarder, rendons-nous à Paris;
Il faut que je les sauve en sauvant mon pays!..
C'est un devoir sacré, c'est un effort sublime,
Que de sacrifier au châtiment du crime
Ses parens, ses amis, le présent, l'avenir;
En affrontant la mort je saurai l'accomplir!
Oui, tout cœur généreux doit immoler sa vie,
Son bonheur, au salut, au bien de la patrie!
A divers sentimens j'ai cédé tour à tour;
Et l'amour du pays a vaincu l'autre amour....
Grâce à mon plan vengeur, à ses suites heureuses,
Je pourrai préserver des têtes précieuses
Du trépas, et brisant ainsi d'affreux complots
D'un sang pur, innocent, j'arrêterai les flots!....

Elle se dirige vers le fond.

Il faut partir!... allons!... avec force et courage,
L'âme en paix, j'entreprends un terrible voyage.
Je vais donc vous quitter lieux si chers à mon cœur,
Berceau de mon enfance, et du plus doux bonheur!
Adieu mon Franquelin, adieu ma vieille tante,
Je ne vous verrai plus!!... une flamme brûlante
A la fois me consume et de haine et d'amour...
Quittons, quittons enfin cet attachant séjour!...

Au moment de descendre l'escalier.

Oui, je le frapperai ce tigre insatiable!....
Sous mes coups périra ce monstre redoutable;
J'en ai fait le serment!!.. et l'on pourra juger
Si j'aime mon pays, si je sais le venger!!!...

Elle part en essuyant quelques larmes, et en faisant un dernier adieu du geste
à la maison de sa tante.

ACTE DEUXIÈME.

Marat!..

La Scène se passe à Paris. — 13 Juillet 1793.

DÉCORATION.

Le cabinet de travail de Marat. — Au fond, à gauche, la porte d'entrée ; une fenêtre à côté. Entre la porte et la fenêtre, une vieille horloge en bois dont les fils sont cachés dans une boite. Sur plusieurs tables, le long des murs, sont jetés pêle-mêle et entassés des livres, des journaux et autres imprimés, ainsi que des affiches du journal *l'Ami du Peuple*. — A droite, une porte donnant sur le cabinet de bain et la chambre à coucher. Quelques chaises çà et là avec des papiers écrits. — Une cage avec deux tourterelles près de la fenêtre.

SCÈNE PREMIÈRE.

MARAT, *assis dans un vieux fauteuil devant une table, lit quelques papiers.*

MARAT.

Encor la trahison !.. contre nous tout conspire.
Le général Wimpfen méconnaît notre empire ;
De la révolte il vient de lever l'étendard ;
Sans doute du pouvoir il veut prendre sa part ?....
Le Calvados, formant une autre république,
S'organise et se crée une force publique ;
Les Girondins proscrits, dans les départemens
Préparent contre nous de vastes armemens :
Cet odieux parti remue et nous menace ;
Nous devons le détruire ou lui céder la place !
Le peuple veut du sang : répandons la terreur !....
Mon bras doit le défendre en ces temps de malheur.

Avec ironie.

Et j'entends, chaque jour, implorer la clémence,
Lorsque tant de forfaits réclament ma vengeance !
On ne veut pas comprendre, enfin, que profitant
D'un pardon dangereux, d'une erreur d'un instant,

Nos rivaux chercheraient à s'abreuver encore,
Du sang républicain dont la soif les dévore!...

Lisant.

Mayence s'est rendue aux mains de l'ennemi.
A d'infâmes traités Custine a consenti....
Toujours la trahison!.. Ce général perfide
Naguère si vaillant, au cœur noble, intrépide,
Custine, lui! commettre un si lâche attentat!...
Comme Dumouriez il a trahi l'État!!...
En vain le fanatisme enflamme la Vendée,
Nous saurons bien calmer cette mer débordée!..
Les Anglais, dans Toulon pénétrant sans effort,
Ont pris tous nos vaisseaux et sont maîtres du port!..
Ce désastre imprévu me surprend et m'indigne;
D'un échec plus profond serait-ce donc le signe?...
Chassons nos ennemis; et que mon zèle heureux
Étouffe les complots, les rende infructueux!

Il parcourt plusieurs listes.

Voyons un peu; comptons le nombre des victimes
Auxquelles nous devons faire expier leurs crimes :
« Trente mille à Paris et dix mille à Bordeaux;
« Quatre mille à Marseille; » et pour le Calvados,
.....La Bretagne, il en faut compter « quatre cent mille!!.. »
Ah! J'allais oublier une importante ville
Qui doit avoir sa part : « douze mille à Lyon!.... »

Mettant ses listes de côté.

Voilà pour nos amis de la Convention.
Camille Desmoulins!.. Ici qui donc l'amène?

SCÈNE II.

MARAT, CAMILLE DESMOULINS.

CAMILLE DESMOULINS, *s'asseyant en face de Marat.*

Par tes ordres, Marat, l'échafaud se promène
De toutes parts; dis-moi, pour m'éclairer enfin
Sur ton but, tes projets, quel est dont le chemin
Que tu veux suivre?.....

3

MARAT, *l'interrompant brusquement.*

Il est d'avance tout tracé :
Et de nos ennemis l'arrêt est prononcé!
Camille, voulons-nous asseoir la République?
Voulons-nous relever la fortune publique?
Voulons-nous rétablir, avec la liberté,
Les droits de la nature et de l'égalité?
Voulons-nous que la paix à la guerre succède?

CAMILLE DESMOULINS.

Oui, c'est là notre but.

MARAT.

Il faut un grand remède
Au mal qui va croissant; je saurai l'accomplir.
Qu'on s'en rapporte à moi : mon bras saura punir!

CAMILLE DESMOULINS.

Ton remède, Marat, c'est toujours le supplice;
Tu n'en connais pas d'autre, et pourtant....

MARAT, *vivement.*

La justice
Du peuple est la meilleure, et la main du bourreau
Rétablira le calme en dressant l'échafaud!....
Les rois, dont il brisa la puissance éphémère,
Ont vu tout ce que peut le peuple en sa colère;
Ce que peut le lion à l'heure du réveil,
Après s'être engourdi dans un lâche sommeil.
Il faut, Camille, il faut, pour sauver notre France,
Remettre aux mains d'un seul la suprême puissance,
Non sous un titre vain, par le peuple exécré,
Et qui provoquerait un refus assuré,
Mais sous le nom brillant et surtout populaire
De *Dictateur,* pouvoir devenu nécessaire!...
Car, bientôt le pays ira s'affaiblissant
Si, pour le secourir il n'est un chef puissant
Qui vienne réunir les pouvoirs sur sa tête,
Et, par sa fermeté, dissiper la tempête.

CAMILLE DESMOULINS.

C'est là le grand remède à tous nos maux? J'entends;
Tu veux gouverner seul, comme un roi.... je comprends!
Depuis longtemps déjà, dans le fond de ton âme,
Tu couves ce dessein; déguisant cette trame
Sous de simples dehors, tu rêves en secret
Le pouvoir absolu dans tes mains.... quel projet!
Toi, qui sur les tyrans, avec nous, de la foudre
Lanças tous les éclairs et mis le trône en poudre,
Qui trouvais tous les rois de profonds criminels
Méritant le mépris, la haine des mortels,
Tu prétendrais Marat, renouveler leurs crimes
Et relever, pour toi, l'autel sur les victimes!...
Le peuple ne veut plus ni Dictateur, ni Roi!..

MARAT, *se mordant les lèvres.*

Mais je ne t'ai point dit qu'il fût question de moi!..

CAMILLE DESMOULINS, *avec ironie.*

De qui donc?.. d'un rival, sans doute?...

MARAT, *avec humeur.*
                                        Allons!... Je pense
Que tu sauras bientôt te rendre à l'évidence.
Je te l'ai toujours dit : le quatorze juillet
Il fallait hardiment abattre d'un seul trait
Cinq cents têtes! Ce coup de salutaire audace
En jetant la terreur eût contenu la masse.
La République, alors, pour vaincre les complots,
N'aurait pas dû verser ainsi le sang à flots;
Alors on aurait pu fonder la paix en France,
Et l'ordre sur les lois, bannir la violence.

CAMILLE DESMOULINS.

Marat, c'est une erreur; par tes coups désolans,
Qui couvrent les pavés de cadavres sanglans,
Tu ne parviendras pas à dissiper les restes
D'une haine terrible, et des maux bien funestes
Dont la France se lasse et que chacun maudit.

MARAT.

Nous verrons bien ! Camille, en lançant son édit
Contre ses oppresseurs, dans sa juste colère,
Le peuple a tout brisé, tout réduit en poussière ;
Et lorsqu'il a senti qu'on attaquait ses droits
Il a fait résonner sa formidable voix !
S'il a pris pour soutiens mon bras et mon courage,
C'est qu'il sait bien que, seul, j'ai fait tête à l'orage !
Le pouvoir a besoin d'un socle de granit
Qui puisse l'affermir contre le vent maudit
Des factions ; il faut répondre par la guerre
A la haine qu'on porte au pouvoir populaire !
Nos plus grands ennemis sont au milieu de nous,
Et c'est contre eux qu'il faut porter les plus grands coups !!..
Le peuple satisfait louera notre prudence ;
Bénira nos efforts et notre vigilance.
Non, Camille, crois-moi, la modération
N'est pas possible en temps de révolution,
Au milieu du chaos et des guerres civiles ;
On ne peut l'exercer que dans ces jours faciles,
Pleins de ce calme heureux dont nous sommes bien loin,
Et dont je ne crois pas être sitôt témoin !..
Je n'avais pas prévu, dès les premières fêtes,
Que nous serions forcés de couper tant de têtes !
J'étais aveugle alors, car les gouvernemens
Sur un passé détruit posant leurs fondemens
Sont voués à la lutte, à la haine, et pour vivre
Doivent avec la mort attaquer et poursuivre
Les traîtres, les méchans, dont les perfides mains
Fermeraient, sans cela, pour eux tous les chemins !
La France est en danger, et le devoir nous crie
Que pour nous maintenir, pour sauver la patrie,
Il faut frapper encore, il faut frapper toujours !!..

CAMILLE DESMOULINS.

Mais ce sanglant chemin vers de paisibles jours
Doit enfin nous conduire ?

MARAT.

> Oui : mais c'est le passage
D'un antique régime à celui de notre âge.
Nos principes, bientôt, répandront leurs bienfaits;
Et grâce à nos efforts, un jour, tous les Français
Devenus les enfans d'une même famille,
Héritiers des héros qui prirent la Bastille,
Mettant tout en commun et confondant leurs cœurs,
Combleront, sous leurs pas, l'abîme des malheurs
Qui les engloutirait, si, par notre faiblesse,
Nous laissions l'échafaud se rouiller de paresse!!..

CAMILLE DESMOULINS.

Mais ton zèle t'aveugle et t'entraîne trop loin;
Et de notre salut tu prends un trop grand soin.
Car, pour nous diriger vers ce but plein de charmes,
Tu couvres notre route et de sang et de larmes!...
Il est d'autres moyens, tu dois en convenir.
En défendant le peuple, en voulant l'affranchir,
Parfois tu compromets sa belle et noble cause;
Et bien souvent, hélas! certaine idée close
En sa faveur, tourna contre la liberté!

MARAT, *avec énergie.*

Le peuple est affranchi de sa captivité!..
Tout ce que j'accomplis Dieu me pousse à le faire.
La Révolution, cette œuvre salutaire,
Est un brillant tissu de miracles divins!*
Nous venons annoncer, par de nouveaux chemins,
Une ère de progrès et d'autres destinées.
Chaque âge a son courant de réformes, d'idées,
Qu'on ne peut détourner, que rien ne peut tarir;
Si quelque obstacle vient, par hasard, à surgir,
La lutte s'établit, et le courant entraîne
Les trônes, le passé, dont il brise la chaîne.
Suivons donc le torrent!.. Achevons par la mort
Ce qu'enfanta la joie en un sublime effort!...

---

* Ce mot de Marat est historique.

Camille, si l'on veut sauver la République,,
Il faut exterminer cette horde incivique
De nobles, d'imposteurs, hommes vils, corrompus,
Semant la trahison dans les cœurs abattus.
Je poursuivrai ce but auquel notre patrie
Devra tous les bienfaits de la démocratie.

CAMILLE DESMOULINS.

Combien par tes excès tu te fais d'ennemis!..

MARAT.

Dans la droiture, au moins, mes pas sont affermis!
J'accomplis un devoir : peu m'importe le blâme.
Celui qu'un noble zèle anime de sa flamme
Avance sans trembler et frappe sans pâlir!...

CAMILLE DESMOULINS.

Par de pareils moyens crois-tu donc réussir?
Marat, ta liberté ramène au despotisme!...

MARAT, avec fureur.

On perdra le pays par le modérantisme!..
Camille, tu le sais : du sang de ses amis,
De celui des tyrans et de ses ennemis,
La liberté se sert!... elle veut leur supplice....
Qui tolère le crime en devient le complice!..
Non, je ne comprends pas qu'on reclame la paix
Lorsqu'il reste à punir encor tant de forfaits!..
La paix!.. mais où sont donc ses brillans avantages?
Quelle en sera la base? où seront ses ôtages?
Est-ce le Calvados, contre nous soulevé,
La Bretagne, où des lys l'étendard est levé?
Bordeaux, pour nous combattre apprêtant ses cohortes?
Toulon, qui vient de rendre et sa rade et ses portes?...
Est-ce le peuple, enfin, victimes des fureurs
De lâches ennemis riant de ses malheurs?....
Oui, j'ai bien fait de dire, avec des mots de rage
Grondant comme la foudre au milieu de l'orage,

J'ai bien fait de crier à ce peuple en courroux :
« Sur vos persécuteurs, Citoyens, vengez-vous !
« Voici, voici venir le jour des représailles ;
« Faites sonner pour eux l'heure des funérailles !
« Ne vous arrêtez plus dans vos sanglans travaux
« Qu'après avoir détruit vos infâmes bourreaux !!. »

CAMILLE DESMOULINS, *se levant pour partir.*

De deux siècles, Marat, je te trouve en avance
Sur le nôtre*... et je plains le sort de notre France !
Adieu ! je dois me rendre à notre Comité
Nous nous verrons bientôt : Salut ! Fraternité !

A part.

Caractère indomptable, âme dure et cruelle,
Tu perdras notre cause et la France avec elle !..

Il sort.

Marat reprend quelques papiers avec une grande agitation et les parcourt convulsivement. Catherine
Évrard arrive par la porte de droite et s'approche de lui.

SCÈNE III.

MARAT, CATHERINE ÉVRARD.

CATHERINE ÉVRARD.

Mon ami, calme-toi : va prendre du repos.....

MARAT, *continuant, sans l'écouter.*

Je veux faire avorter leurs perfides complots !

CATHERINE ÉVRARD.

Marat, d'un doux sommeil pour toi si nécessaire,
Va goûter les bienfaits.......

MARAT, *avec impatience.*

                    Ce n'est pas là l'affaire
Qui m'occupe en ce jour, et j'y songe le moins ;
L'intérêt du pays absorbe tous mes soins.
Qu'importe, de mon corps les douleurs, la faiblesse ?
Marat ne doit point vivre au sein de la mollesse !..

* Cette phrase est historique.

CATHERINE ÉVRARD.

Serais-je donc coupable, à tes yeux, de t'aimer?
De mes attentions pourrais-tu me blâmer?..

MARAT, *d'un air préoccupé.*

Ton amour, Catherine, est pour moi plein de charmes?
Mais pourquoi donc toujours vivre dans les alarmes?
Les craintes de ton cœur n'atteignent pas le mien;
Et le bonheur du peuple est mon unique bien!

Il remet des papiers à Catherine Évrard.

Il s'agit de hâter l'instant de la vengeance
Et de faire à chacun sa part de récompense.
A la Convention fais porter cet écrit;
On verra ce que rêve un parti qu'on proscrit
Au lieu de le détruire; on verra tous les crimes
Que l'on ose commettre, et les noms des victimes!..
On vient : que me veut-on?

CATHERINE ÉVRARD.

Mon ami, c'est Laurent.

SCÈNE IV.

MARAT, CATHERINE ÉVRARD, LAURENT.

LAURENT, *tenant une lettre à la main.*

Citoyen, tout-à-l'heure, à la porte, en rentrant,
Une femme m'a dit que je devais remettre
A Marat, sur le champ, cette importante lettre,
La voici :

Marat prend et ouvre la lettre que lui remet Laurent.

CATHERINE ÉVRARD, *à part.*

Quel est donc ce message secret?

Elle remet à Laurent les papiers destinés à la Convention et lui explique par signes ce qu'il doit
faire, pendant que Marat ouvre et lit la lettre.

Haut.

C'est bien, Laurent, allez!.. (*A part.*) Quel peut être l'objet
De cette lettre?...

Elle se rapproche avec curiosité de Marat. Laurent sort.

SCÈNE V.

MARAT, CATHERINE ÉVRARD.

MARAT, *avec étonnement.*

C'est, Catherine, une femme
Qui, voulant m'exposer les chagrins de son âme,
Me demande ce soir un moment d'entretien.
Elle doit me donner, dit-elle, un sûr moyen
De ramener la paix au sein de notre France,
Au cœur des bons Français d'éveiller l'espérance.
Elle arrive de Caen, siége des Fédérés;
Je peux savoir par elle, en ces lieux abhorrés,
Ce que fait la Gironde, et les noms des coupables
Dont je veux étouffer les projets exécrables!...

CATHERINE ÉVRARD, *d'un air inquiet.*

A-t-elle mis son nom?..

MARAT.

Oui : Charlotte Corday.

Réfléchissant quelques instans.

Charlotte..... à Caen... ce nom....

CATHERINE ÉVRARD, *à part.*

Il a l'air stupéfait.

Haut.

A quoi penses-tu donc?

MARAT.

Mais ce nom me rappelle
Un fait qui m'arriva près de Caen l'infidèle,
Lorsque j'errais, proscrit, pour éviter la mort,
De la mer au plus tôt voulant gagner le bord
Et fuir à l'étranger. Un jour, que de misère
Et de faim épuisé, dans ma douleur amère,
J'étais assis, pensif, près d'un étroit chemin;
Vers moi je vis venir, avec des fleurs en main,
Une ange de beauté, fraîche, douce et naïve,

Au regard consolant, à la marche craintive,
Qui, me voyant vêtu d'habits sales, grossiers
Courbé sur mon bâton, rampant dans les sentiers,
Crut que je mendiais et me jeta sa bourse
Avec quelques écus, m'offrant cette ressource
Pour réparer les maux que j'avais endurés.
« Mais, lui dis-je aussitôt, l'âme et le cœur navrés,
« Je suis un voyageur accablé de souffrance,
« Et n'ai rien reclamé de votre bienfaisance. »
La jeune fille, alors, en rougissant, reprit
Sa bourse, et s'excusant avec grâce me dit :
« Seriez-vous, par hasard, encore une victime
« Du pouvoir assassin qui règne par le crime
« Et perd notre pays?.. » — Hélas! précisément,
« Répondis-je, et j'ai dû m'échapper promptement
« De Paris.. — Qu'y fait-on? Que devient cette cause
« Que le fougueux Marat par ses excès expose
« Et compromet sans cesse en son brûlant journal?
« Cet homme à mon pays un jour sera fatal!... »
Je ne répondis point... — « Vous êtes sans asile,
« Errant, privé de tout, fuyant de ville en ville,
Reprit mon inconnue avec âme et bonté;
« Je veux vous secourir dans votre adversité,
« Car j'admire et je plains, même sans les connaître,
« Les martyrs courageux que l'on voit apparaître
« Chaque jour, dont la vie est un sublime effort
« Pour sauver la patrie, et qu'on mène à la mort!
« Mais je ne suis pas libre et ne peux chez ma tante
« Vous offrir un réfuge en ces temps de tourmente;
« Cependant vous aurez un gîte pour ce soir;
« Venez rempart Saint-Jean, j'y serai : bon espoir!!...
« — Oh! merci!.. Votre nom, ma belle bienfaitrice?
« Je n'oublierai jamais un semblable service.
« — Charlotte!.. » me dit-elle en partant*.

Après un moment de réflexion.

Si c'était

La même femme encor, par un nouveau bienfait
Venant me seconder? non; ce n'est pas possible!

---

* Ce voyage de Marat à Caen et cette rencontre singulière sont historiques.

CATHERINE ÉVRARD, *d'un air préoccupé.*

Le hasard fait parfois ce qui semble impossible!...
Cette Charlotte aussi se trouve être de Caen.

MARAT.

Revoir mon inconnue, ici, serait piquant!

CATHERINE ÉVRARD.

Je ne sais, cependant, pour parler sans contrainte,
Ce mystère à mon cœur inspire quelque crainte.
On a vu sous les traits de la sérénité
Se cacher la vengeance et la férocité!
Marat, tes ennemis en veulent à ta vie;
A bien d'autres que toi souvent on l'a ravie!..
Combien d'hommes d'État, de citoyens fameux
Furent assassinés? Tu peux l'être comme eux!.....

MARAT.

Déplorable jouet d'une frayeur secrète,
Ton cœur ne voit partout, suspendu sur ma tête,
Que le fer des poignards.

CATHERINE ÉVRARD.

    Pourquoi veut-elle enfin
Te parler en secret? De quelque noir dessein
Son cœur.....

MARAT, *l'interrompant.*

    Eh! laisse-là tes sinistres pensées;
Peut-être, gémissant sur des erreurs passées
Dont elle doit rougir, veut-elle sans témoins
M'en faire ici l'aveu.

CATHERINE ÉVRARD, *d'un air à moitié rassuré.*

    Je vais donner mes soins
A ton bain, car bientôt il te faudra le prendre;
Je viendrai te chercher quand tu devras t'y rendre.

Elle rentre dans le cabinet de bain, par la porte de droite. Au même instant Laurent arrive par le fond.

SCÈNE VI.

MARAT, LAURENT.

MARAT.

Qu'est-ce donc ?

LAURENT.

Citoyen, c'est un de vos amis
Qui demande à vous voir.

MARAT.

Son nom ?

LAURENT.

Vos ennemis
Ne sauraient pénétrer près de vous ; à la porte
Nous veillons, Citoyen.

MARAT.

Peu m'importe !
Quel est donc cet ami ?

LAURENT.

L'abbé Bassal.

MARAT.

C'est bien :
Qu'il entre sur le champ.

LAURENT, *en sortant.*

A l'instant, Citoyen.

SCÈNE VII.

MARAT, L'ABBÉ BASSAL.

L'ABBÉ BASSAL, *venant s'asseoir près de Marat.*

Pour vous voir, mon ami, j'arrive de Versailles.

MARAT, *avec un sourire ironique.*

Salut, Bassal ! Eh ! mais, l'heure des funérailles

Va-t-elle donc bientôt sonner pour moi? Mes jours
Seraient-ils en danger? Dites, l'Abbé?.. Toujours
(Et je vais m'attirer pour ce mot votre blâme)
On voit, sournoisement, pour leur voler leur âme,
Près du lit des mourans par le mal absorbés,
Comme sur un butin s'abattre les abbés!...*

L'ABBÉ BASSAL, *souriant.*

Vous blâmer? Point du tout. Car ce langage montre
Marat, qu'en votre cœur, depuis notre rencontre
A Versailles, la nuit où je vous ai sauvé,
Un meilleur sentiment, pour moi, s'est conservé.
A travers la Terreur, en crimes si fertile,
Je suis heureux de voir parfois de l'Évangile
Les principes briller, et de la charité
Vivre le noble esprit avec la liberté!...

MARAT.

Avec vous, c'est fort bien, l'Abbé; car dans votre âme
L'amour du genre humain a répandu sa flamme,
Et jamais votre cœur, par la haine excité,
Ne voudrait au prochain ravir sa liberté.
Mais quand on veut garder sa noble indépendance,
De tyrans odieux renverser la puissance,
Lorsqu'on veut faire enfin des révolutions,
Déjouer les complots, les coalitions,
Ces principes, l'Abbé, les élans charitables
De douceur et de paix ne sont plus praticables!
Contre les attentats de cruels ennemis
Pouvons-nous opposer des sourires amis?
Non, non; hors du fourreau doit s'élancer le glaive!
Il ne faut aux méchans laisser ni paix ni trève;
Sachons rendre impuissans les fourbes endormeurs
Dans un lâche sommeil voulant plonger nos cœurs!

L'ABBÉ BASSAL.

Prenez-garde, Marat; ne soyez point injuste.
L'esprit de charité que notre Maître auguste

* Historique.

Vint apporter au monde, était un contre-poids
A cette liberté que sa divine voix
Proclama le premier quand il vint sur la terre,
Prêcher avec amour la paix et non la guerre !
Jésus-Christ a semé parmi le genre humain
Des principes féconds, l'esprit républicain,
Qui, travaillant le monde et les intelligences
Rendit un jour l'esclave, accablé de souffrance,
Libre enfin de ses fers anciennement forgés,
Que le Christianisme et le temps ont rongés !
Les constitutions, Marat, les *Droits de l'homme*,
Toutes ces libertés que si haut l'on renomme,
Sortent de l'Évangile, et nos législateurs
Ne diront pas, je crois, qu'ils en sont inventeurs.
La Révolution est dans cette parole
De notre divin Maître, en ce mot qui console :
« *Dieu renverse les grands, élève les petits!....* »

MARAT, *s'animant.*

Oui, nous les briserons ces despotes maudits
Qui plongent notre peuple au sein de la misère
Et comme un vil bétail l'exploitent sur la terre!!..,

L'ABBÉ BASSAL.

Quand on voit accroupis aux flancs d'une cité
Des pauvres en haillons, et la captivité
Courber ses habitans sous sa pesante chaine,
Il faut fuir..... ce n'est pas une cité chrétienne
Quoique sur chaque dôme étincelle la croix :
Car du Christ, en ce lieu, l'on méconnait la voix!...
Quand vous voyez du sang sur le pavé des rues,
A la corruption élever des statues,
Dites, en gémissant : « Seigneur tu n'es pas là!.. »
Le pauvre, l'opprimé, puis le bourreau, voilà
Trois taches à laver, que le Christianisme
Doit faire disparaitre avec le despotisme!.....
Sur la colline infâme, au milieu de brigands,
Le Sauveur, du supplice a souffert les tourmens

Afin d'en délivrer un jour les autres hommes,
Et nous nous en servons, insensés que nous sommes!...
Ne trouvez-vous donc pas qu'il eût été bien beau,
Pour dernière victime et pour dernier bourreau,
De s'arrêter au Christ, au sanguinaire Hérode?
Le supplice eût atteint là son dernier période!

MARAT.

Oui! Moi-même je fus bien longtemps opposé
A la peine de mort; mon esprit abusé
Rêvait alors aussi des choses impossibles;
Mais depuis peu, l'Abbé, nos disputes terribles
M'ont prouvé que j'errais, et que de l'échafaud
L'usage est nécessaire en nos mains, et qu'il faut
Que la religion, pour être juste et vraie,
Montrant à *séparer le bon grain de l'ivraie*,
Sache rendre, avant tout, l'homme bon citoyen!

L'ABBÉ BASSAL.

Après en avoir fait un excellent chrétien!...

MARAT.

Nos États-Généraux ont été des Conciles,
En grands enseignemens, en réformes fertiles;
La Révolution, *c'est l'Évangile armé!!...*[*]
C'est l'affranchissement d'un grand peuple opprimé!..
Jésus-Christ n'a cessé, pendant tout sa vie,
D'élever des humains la pensée asservie,
De combattre les *Grands* et les *Pharisiens*,
Les *Prêtres*, dévorant entre eux seuls tous les biens,
Même aux dépens du pauvre épuisé de souffrance;
Et les *Docteurs*, gonflés d'une vaine science!
Ces hommes, ces fléaux, ils existent toujours :
Sous d'autres noms, Bassal, on les voit, de nos jours,
De ces mêmes abus vivant avec audace,
Exploiter le pays, sans crainte, à notre face!
Si, demain, Jésus-Christ revenait parmi nous,
Nos prêtres d'aujourd'hui, remplis d'un saint courroux

---

[*] Historique.

Contre la liberté, traîtres à l'Évangile,
Le remettraient en croix !....

L'ABBÉ BASSAL, *soupirant.*

Humanité fragile !!..

MARAT, *avec fureur.*

Jésus-Christ a-t-il dit : Prêtres d'un Dieu de paix
Sur la paille enfanté, vivez dans des palais,
Dans l'or et les parfums? Prêchez partout la guerre !
Soyez ambitieux, soyez rois sur la terre !...
Soyez intéressés, cruels et corrompus !
Prenez, pour mieux tromper, le masque des vertus !
Exploitez l'ignorance et, vénimeux reptiles
Allumez, en rampant, les discordes civiles !!..

Avec une ironie féroce.

Voilà ce qu'ils ont fait ! Ce n'est point là, je croi
La volonté du Christ, ni l'esprit de sa loi
Qui sépara toujours, par sa règle précise,
Le pouvoir *Temporel* de celui de l'*Église.*

L'ABBÉ BASSAL.

Mais.....

MARAT, *continuant avec feu.*

Que voit-on partout? Des prêtres intriguer,
Abrutir les esprits pour les mieux subjuguer !
Au Pouvoir susciter de perfides entraves,
Provoquer les débats, les conflits les plus graves ;
Compromettre les lois, les institutions,
Entretenir la guerre au sein des nations !...
Est-ce là, pour la *Foi*, ce zèle humble et facile,
Cet esprit tolérant qu'exige l'Évangile?
De quel droit le Clergé prétend-il dominer,
Courber sous son orgueil le monde tout entier,
Et de ses intérêts assurer la victoire?...
De la Religion c'est négliger la gloire,
Et de l'humilité braver toutes les lois :
C'est outrager le Christ et le monde à la fois !!...

Il est temps de purger le sol de la patrie
De cette race impure, effrontée, avilie,
De tous ces imposteurs parlant au nom du Ciel,
Conspirant en faveur du Trône et de l'Autel!...

L'ABBÉ BASSAL.

Je blâme, comme vous, ces excès et ces vices
Dont l'Église gémit; toutes les injustices,
Et les crimes commis par ses membres sacrés,
Enfans qu'elle renie, hommes dénaturés!...
Mais, avouez aussi, Marat, que le bon prêtre
A dû contribuer à bien faire connaître
Aux esprits ignorans l'amour, l'égalité,
Que le Sauveur prêcha, comme la liberté.
Quant au grand mouvement révolutionnaire,
Je l'aime, en déplorant sa marche sanguinaire;
J'y vois la main de Dieu qui veut renouveler
Son vêtement, son culte, et tend à dévoiler
A l'homme ses desseins, au milieu des ruines,
Pour lui faire encor mieux comprendre ses doctrines.

MARAT, *avec ironie.*

Mais Rome vous défend d'aimer la liberté.
Tout prêtre qui l'encense à Rome est mal noté!
Vous êtes les vassaux du pouvoir de la crosse;
Bientôt nous briserons cet orgueilleux colosse,
Dont la force ne gît que dans les préjugés.
Que la raison paraisse et nous serons vengés!....
Les yeux s'ouvrent; déjà gronde un terrible orage;
Le peuple se réveille et sort de l'esclavage!!..

Marat parait en proie à de fortes souffrances et se tord convulsivement dans son fauteuil.

J'étouffe, mon ami; sous peu je dois mourir!
Oh! je voudrais déjà connaître l'avenir!
Au delà du tombeau, quelle est cette autre vie
Dont vous nous parlez tant, et que notre âme envie?
De ce mystère, hélas! j'ai voulu quelquefois
Sonder la profondeur; il me semblait parfois
De notre âme entrevoir les grandes destinées;
Mais, après avoir fait dans de longues journées,

Des méditations, j'ai trouvé le néant....
L'avenir m'apparut comme un gouffre béant!...

Après un moment de silence.

Pour moi, je ne crains rien : par Dieu même imposée,
Mon œuvre doit un jour être immortalisée!
Bassal, je m'en irai les mains rouges de sang....
Le Destin l'a voulu! De son doigt tout-puissant
Il désigne à mes yeux les têtes des victimes
Qu'il me faut immoler pour châtier leurs crimes.

L'abbé Bassal secoue la tête en signe d'incrédulité.

Si l'on pouvait parler du fond de son tombeau,
Tous ceux que j'ai poussés sous le fer du bourreau,
Dégagés maintenant d'intérêts sur la terre,
Avoueraient que leur mort fut juste et nécessaire!!.

Nouveau geste d'incrédulité de l'abbé Bassal.

L'ABBÉ BASSAL.

Hélas! Marat, d'où vient cette nécessité
De vivre pour la haine et la férocité?
Marat, au nom du Ciel, au nom de la patrie,
Plus de sang!. Arrêtez l'affreuse boucherie
Qui plonge dans le deuil tous vos concitoyens.
Pour sauver le pays il est d'autres moyens.
Cédez à mes conseils, employez la clémence;
Faut-il donc tant de sang pour le bien de la France?
Marat, calmez enfin votre cœur agité,
Ne soyez point ainsi sourd à l'humanité!
Éteignez, croyez-moi, vos haines si funestes;
De vos dissensions dissipez tous les restes.
La Montagne et *la Plaine*, ensemble s'unissant,
Rendront notre pays et prospère et puissant!
Voulez-vous, mon ami, que la race future
Dise : « Foulant aux pieds les lois de la nature,
« Marat fut un barbare, un monstre, un assassin!... »
Est-ce là votre rêve?.. Est-ce votre dessein?....

MARAT, *écumant de colère.*

Il faut que je triomphe ou bien que je périsse!!...
Contre mes ennemis j'exerce la justice!...

Le peuple était trop bas et le pouvoir trop haut!
Je les ai rapprochés sous un même niveau
Pour qu'ils connussent mieux leurs besoins, leur puissance!
Si j'employai le peuple aux jours de la vengeance,
C'est qu'après tout le peuple est le vrai souverain ;
Il doit tout décider..... son pouvoir est divin!!...
Je taille dans le vif un avenir tranquille :
Nous semons dans le sang, c'est un engrais fertile!...
Nos fils recueilleront les fruits de nos travaux;
Sachons les préserver d'innombrables fléaux!
Du Ciel, oui j'accomplis la volonté suprême,
Du peuple et de ses droits c'est moi qui suis l'emblème.

Il se soulève.

Je suis le bras vengeur qui punit les pervers,
Par Dieu dans son courroux lancé sur l'Univers!....
Nous faisons, maintenant, une moisson d'idées
Par les siècles, déjà, dès longtemps fécondées;
Mais, pour toute moisson on emploie une faulx :
Pour faucher nos épis nous avons l'échafaud!!!...

En disant ces derniers mots, Marat, qui s'était soulevé de nouveau, retombe épuisé dans son
fauteuil. — L'Abbé Bassal lève les yeux au ciel en secouant tristement la tête.

L'ABBÉ BASSAL.

Que de larmes encor, que d'innocentes têtes
Tomberont, jusqu'au temps où, vainqueur des tempêtes,
Le pouvoir de la hache établira la paix
Sur un fleuve de sang charriant ses bienfaits!...

MARAT, d'une voix épuisée.

Je serai sans pitié pour châtier le crime...
Tout suspect doit périr!... c'est ma seule maxime!
Du peuple j'exécute ainsi la volonté!...

L'ABBÉ BASSAL.

Vos principes, Marat, perdront la liberté!!.

L'Abbé Bassal se lève et se dirige vers la porte du fond après avoir salué Catherine Évrard
qui entre, suivie de Laurent, par la porte de droite.

MARAT, à demi-voix.

Bassal, vous me quittez?... vous reviendrez, j'espère
Me voir bientôt? Adieu! votre amitié m'est chère.

L'ABBÉ BASSAL.

Je reviendrai sous peu. (*Il sort.*)

MARAT, *en proie à de vives douleurs.*

Je souffre horriblement....

SCÈNE VIII.

MARAT, CATHERINE ÉVRARD, LAURENT.

CATHERINE ÉVRARD, *à part.*

Son âme semble en proie à quelque grand tourment.
. Haut.
Marat, ton bain est prêt; l'heure est déjà passée.

MARAT, *se levant et marchant appuyé sur les bras de Catherine Évrard et de Laurent.*

C'est bien! Un autre objet occupait ma pensée.
Avec l'Abbé Bassal je causais de la mort
Et de l'éternité; du pays, de son sort.....
Dès que j'aurai du bain ressenti l'influence,
Qu'il aura de mes maux calmé la violence,
A la Convention je me ferai porter
Pour lire mon projet et le faire adopter!...
Il entre dans sa chambre avec Catherine Évrard. — Laurent les quitte à la porte.

SCÈNE IX.

LAURENT, *seul.*

Il range des papiers et plie quelques exemplaires du journal l'*Ami du Peuple.*
Quelle âme! quel courage!.. Au sein de la souffrance
Il s'oublie et ne prend de soins que pour la France!
L'amour de son pays enflamme son ardeur,
Il ne vit que pour lui : quel grand et noble cœur!
Notre salut à tous repose sur sa tête;
Espérons que bientôt achevant sa conquête,
Le front ceint de lauriers, ce grand homme incompris
De ses nobles efforts recueillera le prix!

Marat veille pour nous; il expose sa vie
Pour le bonheur du peuple et pour notre patrie :
Puisse son souvenir en tous lieux révéré,
Au fond de tous les cœurs être toujours sacré!..

Écoutant.

Mais on frappe à la porte, allons voir...

Il sort par le fond.

Catherine Évrard rentre au même instant par la droite.

SCÈNE X.

CATHERINE ÉVRARD, *puis* CHARLOTTE CORDAY.

CATHERINE ÉVRARD, *seule d'abord.*

Il sommeille.....
Quel est ce bruit?.. voyons.... Je crains qu'on ne l'éveille...

On entend du bruit dans l'anti-chambre. — Catherine Évrard effrayée se dirige vers la porte du fond ; au même instant Charlotte Corday se présente à elle et pénètre dans le cabinet de Marat malgré les protestations de Laurent qui, voyant la jeune étrangère avec Catherine Évrard, se retire et les laisse ensemble.

A part, apercevant Charlotte Corday.

Une femme!.. d'où vient donc son air d'embarras?

Haut.

Que nous veux-tu?....

CHARLOTTE CORDAY.

Parler au citoyen Marat.

CATHERINE ÉVRARD.

Marat est dans le bain.

CHARLOTTE CORDAY.

A-t-il reçu la lettre
Qu'on a dû, ce matin, de ma part lui remettre?

CATHERINE ÉVRARD, *à part, d'un air inquiet.*

Oh! Ciel! (*Haut.*) Mais serais-tu?...

Cherchant.

CHARLOTTE CORDAY, *à part.*

Ma lettre est dans ses mains!

Haut.

Je me nomme Corday; sur quelques Girondins
Réfugiés à Caen, il faut que j'entretienne
Au plus vite Marat; auprès de lui m'amène
L'intérêt du pays, et je dois lui parler;
J'ai d'importans secrets que je veux révéler!.....

CATHERINE ÉVRARD, *l'examinant.*

Marat dort, et ne peut en ce moment t'entendre;

CHARLOTTE CORDAY.

Citoyenne, c'est bien! je vais ici l'attendre.
A part.
Ma présence, en ces lieux, paraît l'inquiéter.

CATHERINE ÉVRARD, *à part.*

Je sens, à son aspect, tout mon cœur s'agiter!..

MARAT, *appelant dans la coulisse.*

Catherine!...
Charlotte Corday fait un mouvement de joie.

CATHERINE ÉVRARD.

      Il s'éveille!... auprès de mon malade
Je me rends un moment. (*A part.*) Son air me persuade
Que j'ai tort de trembler.
Elle rentre chez Marat.

SCÈNE XI.

CHARLOTTE CORDAY. *seule.*

      A la Convention
Je voulais le frapper; mon apparition
Eût fait pâlir d'effroi les apôtres du crime,
En voyant, à mes pieds, expirer ma victime.
Dieu ne l'a pas voulu!., chez lui guidant mes pas
Marat doit en ces lieux recevoir le trépas!

D'un perfide mensonge employant la contrainte,
Pour réussir j'ai dû m'abaisser à la feinte!..
Je souffrais de me voir moi, Charlotte, mentir;
Tremblante j'hésitais, craignant de me trahir!...
Mais du coup qui l'attend l'heure en vain différée
N'a pu faire tomber ma vengeance acérée...
S'il doit à mon poignard échapper aujourd'hui,
Je saurai bien demain parvenir jusqu'à lui!
On vient : le cœur me bat et de crainte et de joie;
Oh! je vais donc enfin pouvoir saisir ma proie!!...

SCÈNE XII.

CHARLOTTE CORDAY, CATHERINE ÉVRARD.

CATHERINE ÉVRARD, *montrant la porte du cabinet de bain de Marat.*

Citoyenne Corday, tu peux quelques instans
Entretenir Marat; de grâce, pas longtemps,
Car il est épuisé de douleurs; sa faiblesse......

CHARLOTTE CORDAY, *l'interrompant et entrant brusquement chez Marat.*

J'aurai bientôt fini.... reçois-en la promesse....

CATHERINE ÉVRARD, *seule.*

Je tremble... malgré moi, mon esprit agité
Appréhende toujours quelque calamité!
S'approchant de la porte.
Que fait-elle? Je cède à mon impatience.....
Marat parle, écoutons :... il se tait; quel silence!...

MARAT, *dans le bain.*

Et que font-ils à Caen? Ils conspirent!.. Louvet,
Buzot et Barbaroux méditent le projet
De se venger sous peu de leur honteuse chûte;
Ils espèrent en vain recommencer la lutte!...
Mais il est, autour d'eux, d'autres conspirateurs,
Quels sont-ils?.. Je saurai modérer leurs fureurs!..

Après un moment de silence.

C'est bien : voilà les chefs qu'il faut que j'extermine ;
Ils iront dans huit jours tous à la guillotine !!...

CATHERINE ÉVRARD.

Ciel !..

MARAT, *d'une voix étouffée.*

Catherine, à moi !... Je me meurs !!...

CATHERINE ÉVRARD, *se précipitant dans le cabinet de bain en criant.*

Au secours !!..

Laurent accourt suivi de plusieurs ouvriers et ouvrières et d'hommes du peuple. — Ils murmurent et lancent des menaces contre Charlotte Corday qui, sortant du cabinet de bain de Marat vient se placer au milieu de la foule exaspérée, le regard fixe, l'air calme, immobile, tenant son poignard ensanglanté à la main.

SCÈNE XIII.

CHARLOTTE CORDAY, HOMMES ET FEMMES DU PEUPLE.

CHARLOTTE CORDAY, *sortant du cabinet de bain de Marat.*

C'est moi qui l'ai frappé !... Citoyens, de ses jours
Ne prenez plus de soins ; Marat est mort !. La France
Est vengée... aujourd'hui votre bonheur commence !!....

Un Commissaire du quartier Saint-André des Arts, suivi de gendarmes, s'empare de Charlotte Corday et l'entraîne au milieu des cris *A Mort ! A Mort !*.. et des menaces de la foule. Elle laisse tomber son poignard à terre et lève les yeux au Ciel. — Tableau de Henri Scheffer.

ACTE TROISIÈME.

Charlotte Corday !

—◆—

La Scène se passe à Paris. — 17 Juillet 1793.

DÉCORATION.

Une prison à la Conciergerie. — Au fond, une porte donnant sur un escalier, à gauche, qui conduit au Palais de Justice. — A droite, au premier plan, une table devant laquelle sont assis le Commissaire, plusieurs membres des Comités Révolutionnaires et de la Convention, au nombre desquels on remarque Chabot, Drouet et Legendre chargés de faire subir à l'accusée un interrogatoire. Charlotte Corday se tient debout, à quelque distance, en face d'eux. Le geolier Richard et sa femme sont derrière l'accusée. — Dans le fond des gendarmes gardent la porte de l'escalier. — A gauche, une fenêtre grillée donnant sur la cour du Palais de Justice.

SCÈNE PREMIÈRE.

CHARLOTTE CORDAY, CHABOT, DROUET, LEGENDRE, Un Commissaire, Membres des Comités et de la Convention, le Geolier RICHARD, Madame RICHARD, Gendarmes.

CHABOT.

Ton nom ?

CHARLOTTE CORDAY, *avec dignité.*

Mais, j'ai déjà dit : Charlotte Corday.

CHABOT.

Ton âge ?

CHARLOTTE CORDAY.

Vingt-cinq ans.

CHABOT.

As-tu donc résidé
Dans la ville de Caen, du jour de ta naissance ?

CHARLOTTE CORDAY.

Non : à Saint-Saturnin s'écoula mon enfance ;

J'y suis née, et ce fut au sortir du couvent
Que je vins demeurer chez une tante , à Caen.

LEGENDRE, *d'un air important.*

C'est toi qui, sous l'habit d'une religieuse,
T'es présentée aussi, chez moi, mystérieuse,
Un de ces jours? Réponds! Oh! je te reconnais.

CHARLOTTE CORDAY, *souriant de pitié.*

Le citoyen Legendre a tort; je le connais
D'aujourd'hui seulement; c'est un grand politique
Dont la vie ou la mort, à notre République,
A son salut, me semble un fait indifférent !...
Je tenais à frapper un nom plus apparent.

CHABOT, *montrant le poignard qui se trouve sur la table.*

Réponds! Reconnais-tu ce poignard?

CHARLOTTE CORDAY, *tournant la tête avec dégoût.*

Oui!!...
CHABOT.
Ce crime,

A ton âge, le choix d'une telle victime,
Sont l'effet de conseils; dis-nous qui t'inspira
Cet acte audacieux?

CHARLOTTE CORDAY , *avec fierté.*

Personne! De Marat
J'avais juré la mort , pour venger l'innocence,
Pour écraser ce monstre, en délivrer la France!....

CHABOT.

Quel puissant intérêt, parles-nous sans détours,
D'une obscure retraite, au printemps de tes jours,
Tout-à-coup arrachant ton sexe si timide,
Pût, seule, dans Paris, te tenir lieu de guide?
Une semblable idée, en ton esprit, pourtant,
N'a pas ainsi germé, sans motif important !...

CHARLOTTE CORDAY.

Le motif, je l'ai dit : faire cesser les crimes
De Marat qui, sans moi, dévorant ses victimes
Par milliers, chaque jour, eût perdu le pays
Avant peu! C'est au Ciel qu'en partant j'obéis!
Mon cœur seul m'a guidé pour cet acte suprême;
On exécute mal ce qu'on n'a pas soi-même
Conçu dans son esprit......

CHABOT.

                    Depuis quand ce projet
Fut-il par toi formé?

CHARLOTTE CORDAY.

                    Depuis le trente-un Mai,
Le jour où la Montagne exila la Gironde,
Sur l'ordre de Marat et de sa bande immonde!

CHABOT.

Et crois-tu donc avoir tué tous les Marat?

CHARLOTTE CORDAY.

Les autres trembleront!... Un pareil scélérat....

CHABOT, *l'interrompant.*

Parles avec respect!

CHARLOTTE CORDAY, *vivement.*

                    De lui que je méprise?
Après l'avoir jugé, frappé, de ma franchise
Vous paraissez surpris? Dans mon opinion
Cet homme avilissait la Révolution!...
Et je l'ai poignardé pour en sauver cent mille!!...
Tous se regardent stupéfaits de voir tant d'énergie unie à tant de fierté.

CHABOT.

Les Girondins, à Caen, reçurent-ils asile
Chez toi?

CHARLOTTE CORDAY.

Je les voyais quelquefois, en passant ;
Leur cause intéressait mon cœur, compâtissant
Aux malheurs de l'exil ; j'admirais leur courage :
A leurs nobles vertus chacun rendait hommage.

CHABOT.

Réponds-nous franchement : est-il quelqu'un d'entre eux
De qui ton noir projet fut connu ?

CHARLOTTE CORDAY.

                              Sous les cieux,
Personne ne connut ce qu'au sein du mystère
J'entrepris ! Ils auraient désarmé ma colère....

LEGENDRE, *avec un sourire ironique et incrédule.*

Allons donc ! Barbaroux ?

CHARLOTTE CORDAY, *avec force.*

                              Lui-même le premier ?
On peut bien le haïr, non le calomnier !..
Barbaroux, s'il eût su ce qu'au fond de mon âme
Je méditais alors, sur moi lançant le blâme,
Eût détourné ma main, n'en doutez pas !..

CHABOT.

                              C'est bien !
Ainsi donc, les Proscrits, à Caen, ne savaient rien
Lorsque tu les quittas ?

CHARLOTTE CORDAY.

                              Non, rien ; je te le jure.
On peut s'en rapporter à moi quand je l'assure !...

CHABOT.

Mais, dans le Calvados, les Girondins proscrits
Contre notre pouvoir excitent les esprits ;

Avant leur arrivée au sein de cette ville
Où germent les complots, ta jeune âme tranquille
Etait moins exaltée; et ton timide bras
Ne songeait guère alors à poignarder Marat?

CHARLOTTE CORDAY.

Avant quatre-vingt-neuf j'étais républicaine.
J'aime la liberté! Mon cœur est plein de haine
Pour ces tyrans nouveaux, plus vils que les anciens
Et du peuple opprimé se disant les soutiens;
Pour ces monstres souillés de sang et de rapine,
Qui poussent sans pitié la France à sa ruine;
Pour ces pervers, prêchant leur fausse égalité,
En fondant la licence et non la liberté;
Pour ces hommes hideux, dans leur fatal délire,
Cherchant à propager leur exécrable empire;
Qui font le nom Français effrayant, odieux,
Ce nom jadis si pur, ce nom si glorieux!!...
Avant les Girondins, j'avais de l'énergie;
Avant eux je savais adorer la patrie,
Et lui sacrifier mes plus chers intérêts!...

CHABOT.

De ton crime exécrable as-tu quelques regrets?

CHARLOTTE CORDAY.

Aucun!

CHABOT.

Dis-nous : à Caen, voyais-tu quelque prêtre?

CHARLOTTE CORDAY.

Le curé de Saint-Jean.

CHABOT.

Il nous faut le connaître;
Comment le nommes-tu?

CHARLOTTE CORDAY.

Duvivier est son nom.

CHABOT.

Et c'est, sans doute, lui qui te confessait?

CHARLOTTE CORDAY.

Non!

CHABOT.

Mais qui donc dirigeait alors ta conscience?

CHARLOTTE CORDAY,.

Personne!.. si ce n'est, pourtant, dans mon enfance.
Depuis que je quittai mon couvent ténébreux,
A Dieu seul, sans témoins, j'adressai mes aveux.*
Nos erreurs, par un tiers, sont-elles mieux tracées
Près de celui qui lit nos secrètes pensées?
A des hommes souvent moins vertueux que nous,
Pourquoi donc confier, tremblans, à leurs genoux,
Nos fautes que le Ciel et connaît, et pardonne
Lorsque le repentir en notre cœur rayonne?
C'est mon opinion; je la dis en ce lieu :
Nul ne doit se placer entre notre âme et Dieu!!.....

CHABOT.

C'est bien. Par l'examen du sens de la blessure,
Et les réflexions qu'inspire sa nature,
On trouve, avec raison, qu'habile fut ta main!...

CHARLOTTE CORDAY, *avec une émotion digne.*

Le monstre! Il me confond avec un assassin!!.

CHABOT, *se levant.*

Au tribunal, bientôt, nous allons tous nous rendre;
Avant de te juger, il faut encore entendre
Les témoins; tu devras choisir un défenseur.

Tous se lèvent pour sortir.

CHARLOTTE CORDAY.

Je n'en ai pas besoin! J'ai droit à la fureur

* Historique.

Des amis de Marat... Qu'ils prennent leur victime;
Qu'ils frappent à leur tour; qu'ils punissent mon crime!!..
Car, pour moi, l'existence est un pesant fardeau;
Pour combler tous mes vœux préparez l'échafaud!...

Chabot, Brouet, Legendre, le Commissaire, les Membres des Comités etc., se retirent en silence et étonnés. Madame Richard, seule, reste et revient près de Charlotte Corday, quand tout le monde est parti.

SCÈNE II.

CHARLOTTE CORDAY. MADAME RICHARD.

CHARLOTTE CORDAY, *après une pause.*

Oh! oui, mon cœur saura braver votre vengeance,
Et sans nulle frayeur entendre la sentence.
Je me repose en Dieu, soutien des malheureux,
Qui m'envoya punir le crime audacieux;
Pervers, redoutez-le, son bras peut vous atteindre,
Il brise les méchans, et vous devez le craindre!...
N'espérez pas trouver grâce pour vos forfaits;
Il lancera sur vous de foudroyans arrêts!....

S'adressant à madame Richard qui s'approche d'elle d'un air triste et abattu.

Jusqu'ici j'avais cru que dans ce lieu funeste
Jamais on n'entendait ce langage céleste
Qui console et réjouit; cette douce pitié
Qui vous rend le bonheur au sein de l'amitié!
Mais j'ai vu qu'à mon sort votre âme était sensible;
Merci pour tous vos soins.....

MADAME RICHARD.

                              De ce cachot horrible
Je tâche d'adoucir pour vous l'affreux séjour !

CHARLOTTE CORDAY.

Puisse ce jour, hélas! être mon dernier jour!

MADAME RICHARD.

Oui, dans cette prison; car votre délivrance.....

CHARLOTTE CORDAY, *l'interrompant.*

Vous y songez encor?

MADAME RICHARD.

J'en garde l'espérance,
Bientôt vous quitterez ce sombre souterrain.

CHARLOTTE CORDAY.

Oui, mais de l'échafaud pour prendre le chemin!
Les amis de Marat, excités par ses crimes,
M'ont déjà mis au rang des nouvelles victimes
Qu'ils veulent immoler à ses mânes....

MADAME RICHARD.

Oh! non;
Un acte aussi cruel serait vraiment sans nom!

CHARLOTTE CORDAY, *s'animant.*

Je veux à mes bourreaux aller offrir ma tête!
Qu'ils sachent qu'à la mort Charlotte est déjà prête.....
Je prétends contenter leurs féroces désirs;
Par un nouveau supplice augmenter leurs plaisirs!..

MADAME RICHARD, *lui prenant la main.*

De grâce, calmez-vous!.. (*A part.*) O courageuse femme!...
La crainte de la mort ne trouble point son âme!

CHARLOTTE CORDAY.

Je porte dans mon cœur une céleste paix
Que toutes leurs fureurs ne détruiront jamais!

MADAME RICHARD.

Mais d'où vient cette paix et cette insouciance
Dans les fers; et pourquoi bannir toute espérance?

CHARLOTTE CORDAY.

Des maux de la patrie en secret tourmenté
Mon cœur, depuis longtemps, bouillonnait agité.

Tout en me promenant dans nos vertes prairies,
Seule, je me livrais à mille rêveries......
J'entendais chaque soir mes parens à genoux,
Dire en tremblant : « Seigneur, ayez pitié de nous!. »
Il m'en souvient encor : j'aperçus dans un rêve
Une vierge du Ciel, le bras armé d'un glaive,
Et tout-à-coup un bruit de célestes concerts
Par sa voix soulevé, retentit dans les airs.....
« Lève-toi, me dit-elle; ici, Dieu qui m'amène,
« T'ordonne d'accomplir une œuvre surhumaine,
« Comme autrefois Judith!.. » Et l'ange disparut!
Chaque nuit, depuis lors, mon ange reparut,
Montrant à mes regards la tête d'Holopherne!!...

MADAME RICHARD.

Le Ciel vous désignait pour sa Judith moderne....

CHARLOTTE CORDAY, *continuant.*

Je sentais ma vengeance et ma haine grandir,
Prévoyant du pays le sinistre avenir;
Car Dieu qui me choisit entre toutes les femmes,
Animait mon esprit de ses divines flammes....
Je partis pour frapper l'Holopherne Français,
Et mettre enfin un terme à ses hideux forfaits.
Jeune fille, instrument de la force céleste,
Je marchais.... Je marchais.... Dieu seul a fait le reste!...

MADAME RICHARD, *à part, avec émotion.*

Mon cœur rempli de trouble, interdit, éperdu,
Croit entrevoir du ciel un ange descendu.
Haut.
Mais, souvent un vain songe abusa l'innocence;
Une semblable erreur a droit à la clémence.
Vos juges n'oseront pas livrer aux bourreaux
Une aussi noble tête et le sang des héros!....

Au moment où madame Richard prononce ces derniers mots, on voit descendre par l'escalier du
fond, à gauche, Chabot, Drouet, Legendre, le Commissaire, suivis de Gendarmes et du Geôlier,
qui viennent chercher Charlotte Corday pour la conduire au Tribunal.

SCÈNE III.

CHARLOTTE CORDAY, Madame RICHARD, CHABOT, DROUET, LEGENDRE,
Le Commissaire, le Geolier RICHARD, Gendarmes.

LE COMMISSAIRE.

Gardes, au tribunal emmenez la captive.

CHARLOTTE CORDAY, *avec fermeté.*

Se tournant vers Chabot.

Je suis prête et vous suis! Sachez, quoiqu'il arrive,
Que la France est vengée!!!...

Ils sortent tous excepté le geôlier Richard.

SCÈNE IV.

Le Geolier RICHARD, *seul, il s'assied.*

Oubliant mon devoir,
Des juges que ne puis-je annuler le pouvoir?
Je voudrais tout braver pour notre prisonnière!
Mais pour elle, Richard, hélas! ne peut rien faire!!
Les amis de Marat, transportés de fureur,
Appellent sur sa tête un châtiment vengeur;
La clémence n'a pas d'empire sur leur âme,
Ils souffrent de se voir vaincus par une femme!..
Ils veulent, disent-ils, punir un attentat
Qui pour eux compromet le salut de l'État....

Après quelques momens de silence.

Tout, chez notre captive, attire l'indulgence;
Son âge, sa douceur, sa naïve innocence!...
Jusque dans mon sommeil je sens tous mes esprits
Que la pitié, parfois, vient troubler de ses cris.

Après une nouvelle pause.

La condamneront-ils?... leur sombre politique
A semé dans leurs seins un germe tyrannique
Étouffant ces élans de générosité
Qu'inspirent le malheur, la vertu, la beauté!

Madame Richard descend précipitamment l'escalier du fond et accourt toute bouleversée auprès de
son mari qui l'apercevant s'élance vers elle.

Grand Dieu! ma femme.... eh bien?...

SCÈNE V.

Le Geolier RICHARD, Madame RICHARD.

MADAME RICHARD, *avec émotion.*

                              Chacun sur son passage
D'un regard attentif observait son visage.
Et, malgré sa douleur, son front majestueux
Donnait un noble éclat à ses traits gracieux.
Après avoir fendu cette foule éplorée,
Elle arrive, s'assied, de gardes entourée;
Puis, d'un geste imposant, d'une sonore voix :
« Je le répète encor, pour la dernière fois,
« Par la mort de Marat, oui j'ai sauvé la France!
« J'espère dans les cieux trouver ma récompense;
« Car je ne peux ici rencontrer un appui,
« Les suppôts de Marat me jugeant aujourd'hui!
« Dieu seul peut me juger.... lui seul!... Je vous récuse....
« En ce jour devant lui c'est moi qui vous accuse!!.. »
Chacun reste interdit en entendant ces mots;
La salle retentit de cris et de sanglots.
Robespierre, voyant échapper sa victime,
La rage dans le cœur, désespère du crime!
Les juges ont frémi.... le tribunal se tait....
Et Charlotte est sauvée....

LE GEOLIER RICHARD, *avec joie.*

                    Oh! c'était mon souhait!

MADAME RICHARD, *continuant.*

Soudain Fouquier-Tainville, au milieu du silence,
D'une voix sépulcrale appelant la vengeance,
Écume de fureur; des juges confondus
Il raffermit enfin les esprits éperdus,
Et conclut à la mort!.. Charlotte le regarde
Souriant de pitié. Maître Chauveau-Lagarde
Présente la défense et fait un vain effort;
Avec des larmes dans la voix.
Charlotte est condamnée à la peine de mort!!!...

Après un moment de silence.

La foule, en sanglottant, se retire atterrée ;
Et moi, j'accours ici la première, éplorée,
Pour t'annoncer, Richard, que l'arrêt est rendu !...

LE GEOLIER RICHARD, *se frappant le front.*

Charlotte condamnée ! ai-je bien entendu ?
Ils ont voulu sa mort.... Oh ! les lâches !.. c'est elle !...

On aperçoit Charlotte Corday que l'on ramène dans sa prison en costume de condamnée.

Elle revient déjà.... Mon Dieu qu'elle est donc belle ! !..

Il essuie ses larmes. — Madame Richard sanglotte.

Le Commissaire place deux gendarmes à l'entrée de la porte donnant sur l'escalier et se retire.

SCÈNE VI.

Le Geolier RICHARD, Madame RICHARD, CHARLOTTE CORDAY, Gendarmes.

CHARLOTTE CORDAY.

L'échafaud va bientôt se dresser devant moi ;
J'y monterai sans crainte et mourrai sans effroi !....

A Madame Richard.

Ne pleurez pas ainsi, bannissez vos alarmes ;
Il n'est pas encor temps de répandre vos larmes !
Sachez en ma présence étouffer la douleur,
Si vous voulez toujours adoucir mon malheur ?...
Je désire être seule......

Le geolier Richard et sa femme sortent — Les gendarmes restent.

SCÈNE VII.

CHARLOTTE CORDAY, *seule, elle s'assied.*

O mes belles journées

Par des anneaux de fleurs l'une à l'autre enchaînées ;
Mystérieux parfums, qui, sur la fin du jour,
Faisiez naître en mon cœur de doux élans d'amour,
Vous avez fui soudain comme une ombre, un nuage !....
Et toi, cher Franquelin, dont j'entrevois l'image,
Je vous appelle tous pour la dernière fois.....
L'écho de ma prison répond seul à ma voix !.....

Du bonheur je pouvais savourer tous les charmes
Auprès d'un tendre amant, sans chagrins, sans alarmes;
Et j'ai cru le trouver dans la gloire et le bruit,
Chimériques sentiers où l'orgueil nous conduit!...
Pourquoi l'homme veut-il, troublant toujours son âme,
Des révolutions venir souffler la flamme,
Lorsque, dans sa bonté, Dieu lui donna l'amour
Pour lui rendre la terre un bienheureux séjour!....
Aux choses d'ici-bas je ne dois plus prétendre;
C'est en vain que je crois les voir et les entendre
Ces objets adorés.... tout m'apporte un regret....
Je suis abandonnée, et pour moi tout se tait!...
Franquelin, quand je vois mon heure qui s'avance,
Ton souvenir me fait regretter l'existence!
Si j'ai sacrifié nos projets de bonheur,
Notre amour, ô pardon! c'est qu'au fond de mon cœur
Dieu rendit le plus fort l'amour de la patrie!!
Le salut de la France épuisée et flétrie,
Le sqrt des Girondins, nos funestes débats,
Et le doigt du Seigneur dirigèrent mes pas!....
Oh! que jamais l'oubli n'efface mon image
De ton âme! En ce jour cet espoir me soulage......
Franquelin, j'ai besoin d'un bien long souvenir,
Car sans un mot de toi Charlotte va mourir!...

Elle se lève et se dirige vers la fenêtre grillée à travers laquelle elle regarde le Ciel avec tristesse.

Sur le ciel j'aperçois une agile hirondelle
Qui, fuyant à ma vue, effleure de son aile
Le grillage et voltige; ô toi, fille des airs,
Qui reverras bientôt nos bois de sapins verts,
Sur le sombre clocher de notre vieille église
Va t'abattre un moment; et si tu vois assise
Dans son fauteuil, ma tante, au fond de son jardin,
Si tu vois en passant mon tendre Franquelin,
Dis leur adieu pour moi, maintenant prisonnière!....
Comme aussi, je t'en prie, aux murs du cimetière
Où jamais je n'irai goûter un doux repos :
Hélas! je suis vouée à la main des bourreaux!!!..
J'aurais pourtant aimé m'endormir sous la mousse,
Et les nuits, de la lune, à la clarté si douce,
Recevoir les rayons sur ma pierre glissant....

Près de ma tombe entendre et le pas ravissant
Et les tristes soupirs de celui que j'adore!....
Pourquoi dois-je mourir sans le revoir encore?....

Essuyant quelques larmes.

Maîtrisons la douleur; point de faiblesse!.. il faut
Que j'écrive à mon père avant qu'à l'échafaud
J'aille porter ma tête..... écrivons .

Elle s'assied près de la table et se met à écrire en appuyant sa tête dans sa main gauche.

                    « O mon père !

« Pardonnez, si mon cœur qui toujours vous revère,
« Osa prendre, en secret, la résolution
« De partir sans avoir votre permission !
« Mais, je voulais venger d'innocentes victimes,
« Prévenir le retour des plus atroces crimes;
« Délivrer mon pays d'un monstre, d'un tyran,
« Arrêter dans sa course un funeste torrent!...
« Lorsque je vous ai dit que je quittais la France
« Pour l'Angleterre, alors je gardais l'espérance
« De pouvoir m'embarquer; depuis lors, ce projet
« Me parut impossible : il fut pour moi l'objet
« D'une peine profonde, en songeant en moi-même
« Que, vous croyant trompé par quelque stratagême,
« J'étais digne à vos yeux de tout votre courroux.....
« Du fond de ma prison j'embrasse vos genoux;
« O mon père, pardon!... ma cause est noble et belle,
« Car à la liberté Charlotte meurt fidèle!....
« Ne vous chagrinez pas, ne pleurez pas ma mort :
« Sachez vous réjouir, être fier de mon sort!...
« J'embrasse mes parens, ma bonne sœur que j'aime,
« Et je vous dis adieu.... mais un adieu suprême!.... »

                    CHARLOTTE CORDAY.

Prenant un nouveau papier, après une pause.

J'ai promis quelques mots à Barbaroux*, je dois
Lui rendre compte, ici, par la dernière fois,
De mes impressions, du but de mon voyage,
Moi, frêle esquif poussé par le vent dans l'orage

---

* La lettre à Barbaroux écrite par Charlotte Corday dans sa prison, alongeant trop la scène et n'étant pas nécessaire d'ailleurs, peut être supprimée à la représentation.

Et qui viens me briser en arrivant au port!...
Avec force.
J'ai pourtant réussi : Marat, l'infâme est mort!!!...
Elle écrit.
« Citoyen, vous savez à présent mon histoire;

« Et, déjà, l'on connaît à Caen notre victoire.

« Votre ami Duperret est perdu comme moi :

« Nos tyrans, pour lesquels l'injustice fait loi,

« Le disent mon complice; ils nient son innocence,

« Et veulent, malgré tout, repousser l'évidence.

« Ils prétendent qu'il sut mes projets, l'attentat

« Dirigé par ma main contre leur dieu, Marat!....

« Sa noble fermeté, pour eux, devient un crime;

« Ils veulent consacrer encor cette victime

« Aux mânes du *grand homme*... ils le nomment ainsi!..

« Mais c'est déshonorer l'espèce, et moi je souffre aussi

« De voir donner ce nom à la bête féroce

« Qui ravageait la France en sa fureur atroce!

« Maintenant nous pouvons crier-: Vive la paix!...

« Grâce au Ciel ce Marat n'était pas né Français!...

« Citoyen, si jamais on tourmente mon père

« J'invoque votre appui, c'est en vous que j'espère!

« Ne me regrettez pas; je vais sur d'autres bords

« Réjoindre les anciens, les Brutus, chez les morts!..

« Les modernes sont vils; ils n'ont plus ce courage

« Que le patriotisme en sa sublime rage

« Donne aux cœurs généreux pour sauver leur pays;

« L'égoïsme gouverne... et, sans de grands profits,

« On voit le patriote enfermer dans son âme

« Ses postiches vertus qu'aux grands jours il proclame!..

« Bientôt j'aurai vécu! Ce langage romain

« Montre pour l'échafaud mon stoïque dédain.

« Je ne sais pas encore, à la fin de ma vie,

« Dans mes derniers momens, si j'aurai l'énergie

« Dont mon cœur a besoin pour supporter mon sort;

« Mais enfin, jusqu'ici je ne crains pas la mort!...

« Loin de me maltraiter, à la Conciergerie

« J'ai rencontré des gens amis de la patrie,

« Qui m'ont donné leurs soins, pendant ces quelques jours,

« Avec zèle et bonté,.. le malheur rend toujours

« Compatissant !.. voilà la dernière pensée
« Que tracera ma main tout à l'heure glacée...... »

On entend un bruit de pas dans l'escalier au fond.

Mais quel est donc ce bruit ?.. ce sont je crois des pas
Dans l'escalier ; on vient sans doute du trépas
Déjà m'annoncer l'heure......

Elle plie avec précipitation sa lettre et la cache sur elle.

SCÈNE VIII.

CHARLOTTE CORDAY, FOUQUIER-TAINVILLE.

Fouquier-Tainville s'avance lentement vers Charlotte Corday ; on entend dans le lointain un crieur public qui parcourt les rues voisines de la Conciergerie en répétant : « Voilà Citoyens, ce qui vient de paraître : arrestation, jugement et condamnation de la citoyenne Charlotte Corday, convaincue d'assassinat sur la personne du citoyen Marat ; détails relatifs etc..... » La voix se perd.... Moment de silence.

CHARLOTTE CORDAY, *faisant un mouvement d'étonnement et d'effroi.*

Avec un accent de fureur concentrée.

                              Oui, je suis condamnée !
Pour toi, pour le bourreau, qu'elle bonne journée !..
On a voulu ma mort : je la voulais aussi ;
Sans elle mon projet n'aurait pas réussi !....
Mais j'avais espéré la recevoir de suite
Sur le corps de Marat, quand la foule, à ma fuite
S'opposant, s'apprêtait avec haine et fureur
A me percer le sein de mon poignard vengeur !

FOUQUIER-TAINVILLE, *d'un ton sec et hautain.*

Je veux connaître enfin les traîtres, tes complices :
Nous pouvons t'épargner le dernier des supplices
Si tu nous dis leurs noms !... Pour éviter la mort,
Pour avoir ton pardon, il ne faut qu'un remord !...

CHARLOTTE CORDAY, *l'interrompant.*

Que j'aille, moi, Charlotte, implorer l'indulgence,
Renier ma conduite et ma sainte vengeance ?
Je n'ai point de complice, et j'ai seule conçu
Mon projet ; je l'ai dit : personne ne l'a su !

Il faudrait, pour souscrire à ton offre perfide,
Que de vivre mon cœur, hélas! fut bien avide
Et plein de sentimens dont je devrais rougir....
Mon sort est décidé, je suis prête à mourir...
Eh! qui donc livrerais-je aux mains de la justice?
Je le répète encor, Dieu seul est mon complice!...
Lui seul a tout connu.... si j'ai frappé Marat,
C'est que son doigt sévère a dirigé mon bras!...
De tous mes ennemis j'affronte la menace;
Je ne crains pas la mort et ne veux point de grâce!
Je refuse de toi tout offre de secours,
Et tiens plus à sauver mon honneur que mes jours!.....

FOUQUIER-TAINVILLE, *à part*.

Quelle mâle énergie, et quel air d'assurance!..
Haut.
Rien ne peut te tenter... même ta délivrance?...
Tu persistes toujours dans ton assertion?..

CHARLOTTE CORDAY, *avec noblesse*.

Mon âme est insensible à la corruption!
L'échafaud, Citoyen, est une autre victoire
Qui couvrira mon nom d'une noble mémoire!
Je vois, en ce moment, s'ouvrir devant mes yeux
La gloire sur la terre et le bonheur aux cieux!!...

FOUQUIER-TAINVILLE.

Marat est au tombeau... Robespierre se lève!...
Dans ses mains, désormais, il tiendra seul le glaive,
Et saura renverser ses rivaux insolens;
Ils n'échapperont plus à nos yeux vigilans?...
Mais un crime odieux annonce d'autres crimes;
Pour ne pas être un jour au nombre des victimes,
Il faut exterminer tous ces conspirateurs,
De la rébellion fougueux prédicateurs,
Ces lâches Girondins, ces proscrits, dont j'espère
Voir sous peu châtier l'audace téméraire!...

CHARLOTTE CORDAY, à part.

Les Girondins!!.. grand Dieu! les aurais-je perdus?....

FOUQUIER-TAINVILLE.

Les ordres de Marat, un moment suspendus,
Seront exécutés en y joignant les nôtres......

CHARLOTTE CORDAY, à part.

J'aurais dû, je le vois, tuer tous ses apôtres?...

FOUQUIER-TAINVILLE, continuant.

Le peuple courroucé seconde nos projets,
Et bientôt nos rivaux deviendront nos sujets!
Le sang de notre ami reclame une vengeance;
D'un deuil universel il faut couvrir la France!....

CHARLOTTE CORDAY, à part.

Le monstre!... (Haut.) Vos projets ne réussiront pas!
Songez à préserver vos têtes du trépas!
Au tribunal de Dieu, notre juge suprême,
Tyrans, à votre tour vous paraîtrez vous-même!!..

FOUQUIER-TAINVILLE, à part, avec effroi.

Haut.

Qu'entends-je?... Où donc t'entraîne un transport insensé?

On entend le bruit du tonnerre dans le lointain ; les éclairs brillent à la fenêtre de la prison.

CHARLOTTE CORDAY.

Sur la voûte des cieux votre arrêt est tracé!
Votre front est marqué du sceau de la colère
Divine; redoutez un châtiment sévère.....
La France, applaudissant au meurtre de Marat,
Reprendra, malgré vous, son honneur, son éclat.
Le peuple moins aveugle, écrasant l'imposture,
Saura de tant de maux tarir la source impure!

D'un ton prophétique.

Après avoir été trop longtemps son bourreau,
Vous finirez aussi vos jours sur l'échafaud!!...

Fouquier-Tainville se mord les lèvres et fait un mouvement qu'il comprime aussitôt.

Oui, vous passerez tous foudroyés par l'orage
Soulevé sous vos pas; et bientôt mon ouvrage
Par d'autres consommé, de nos dissensions
Terminera le cours!.. A mes prévisions
Le Ciel réserve encor des preuves redoutables.....
Car mon bras n'a frappé que le chef des coupables!...

Le tonnerre gronde.

FOUQUIER-TAINVILLE, *à part.*

O mystère infernal! Quelque complot secret
Connu d'elle, doit-il briser notre projet?...
Jusqu'ici rien n'a pu vaincre sa résistance
A s'expliquer enfin; maudit soit son silence!...

Haut avec contrainte.

Si d'autres factieux osent se réunir
Pour conspirer, eh bien! il faut s'en applaudir;
Laissons-les s'agiter et tomber dans l'abîme
Entr'ouvert sous leurs pas; ils expieront leur crime!....

CHARLOTTE CORDAY, *reculant d'un pas.*

Tu n'es qu'un vil bourreau!.. Dans le fond de mon cœur
Tes forfaits ont semé le mépris et l'horreur!....

FOUQUIER-TAINVILLE, *avec rage.*

Depuis assez longtemps tu braves la justice;
Et je vais rapprocher l'heure de ton supplice....

CHARLOTTE CORDAY, *avec force.*

Va donc! et fais dresser à l'instant l'échafaud;
Avec un front serein j'attendrai le bourreau!....

Violens éclats de tonnerre.

FOUQUIER-TAINVILLE, *à part, allant vers le fond pour sortir.*

Pour asseoir après elle enfin notre puissance,
Nous ferons égorger les trois quarts de la France!!...

Au moment où Fouquier-Tainville prononce ces derniers mots, on voit descendre par l'escalier du fond Chabot, Drouet, Legendre, suivis du Commissaire, de gardes, du geôlier Richard, de sa femme et du bourreau.

SCÈNE IX.

**CHARLOTTE CORDAY, FOUQUIER-TAINVILLE, CHABOT, DROUET, LEGENDRE,
le Commissaire, le Geolier RICHARD, Mad. RICHARD, Gardes, le Bourreau.**

*Mad. Richard s'approche de Charlotte Corday qui lui serre affectueusement la main et lui remet la
lettre à son père, pour la lui faire parvenir.*

CHARLOTTE CORDAY, *bas à Madame Richard.*

Je réclame de vous un service nouveau;
Cette lettre à mon père.... oh! Ciel! c'est le bourreau!!!...
Elle fait un mouvement en arrière.

LE COMMISSAIRE.

Citoyenne Corday.....

CHARLOTTE CORDAY.

Je comprends.... voici l'heure!..
Il faut abandonner cette sombre demeure.....

LE COMMISSAIRE.

De ton crime, dis-nous, as-tu quelque regret?

CHARLOTTE CORDAY.

Je n'ai fait du Seigneur qu'accomplir le décret!
Je ne m'en répens pas et vais mourir contente,
Puisque mon faible bras a pu, dans la tourmente,
Briser, comme Judith, un monstre audacieux
Qui perdait mon pays et défiait les cieux!..
O toi, terre sacrée où le sort me fit naître,
Vous, mes concitoyens, qui me plaindrez peut-être,
D'un trop vaste succès mon cœur s'était flatté....
Regardant Fouquier-Tainville avec mépris.

Aux mains de scélérats le pouvoir est resté!!...
Français! vous bénirez mon bras et ma mémoire,
Et vous achèverez mon œuvre et votre gloire!...
J'ai confiance en vous!.. puissent, sur mes malheurs,
Les siècles à venir répandre quelques pleurs!...

Se tournant vers Fouquier-Tainville.

Maintenant, de Marat sanguinaire complice,
Viens repaître tes yeux, jouir de mon supplice!
Mais, songe, en me voyant mourir, à ton trépas....
Le peuple, que tu perds, ne t'épargnera pas......
Et bientôt à ton tour.....

Fouquier-Tainville l'œil en feu fait un signe aux gardes et au bourreau qui s'approchent.

FOUQUIER-TAINVILLE.

C'en est trop!.. qu'on l'emmène!...

CHARLOTTE CORDAY.

Je suis prête, marchons!... J'accomplirai sans peine
Toute ma destinée!!.... et j'emporte l'espoir
Que nos neveux diront : « Elle à fait son devoir!!. »

L'orage continue, le tonnerre gronde avec force.

Charlotte Corday se tourne vers Madame Richard à qui elle dit adieu du regard, puis elle se dirige, d'un pas ferme et en levant les yeux au Ciel, vers la porte de l'escalier au fond, en suivant les membres de la Convention, le Commissaire, Fouquier-Tainville, et suivie du Bourreau et des Gardes. — Le geôlier Richard les regarde partir, en essuyant ses larmes. Madame Richard tombe à genoux, en sanglottant, la tête dans ses mains. — Tableau final.

La toile tombe.

OUVRAGES DE M. GASC,

SUR L'INSTRUCTION PUBLIQUE,

Publiés à Paris.*

FR. CT.

Dix ans Perdus! — Lettre à M. Cousin, Ministre de l'Instruction Publique (1840). — Brochure in-8°. 2

Réfutation de l'Exposé des Motifs et du Projet de Loi de M. Villemain (1841). — Brochure in-8°. 2

Des Réformes considérées sous le point de vue philosophique et social (1842). — Brochure in-8°. 1 50

Pétition adressée aux Chambres Législatives sur l'Abolition de l'Impôt et des Droits Universitaires, et du Concours-Général. — Brochure in-8°. . . 1 50

ÉTUDES HISTORIQUES ET CRITIQUES SUR L'INSTRUCTION SECONDAIRE (1844). — Un fort vol. in-8°. 7

CONTRE-PROJET DE LOI avec *Exposé des Motifs* SUR L'ENSEIGNEMENT MOYEN — Brochure in-8°. 2

LA RÉFORME ET LA LIGUE UNIVERSITAIRES. — Réfutation des Rapports de MM. De Broglie et Thiers sur le Projet de Loi du Gouvernement relatif à l'organisation de l'Instruction Moyenne (1845.) — Un fort vol. in-8°. . 7

Du Syndicat des Instituteurs Universitaires de Paris (1845). — Broch. in-8°. 1

LE BILAN DE L'UNIVERSITÉ DE FRANCE (1846). — Un vol. in-12. 3

Mémoire adressé aux Chambres Législatives de France et de Belgique sur l'organisation de l'Enseignement Moyen dans ces deux pays (1846). — Brochure in-8°. 2

LE MONOPOLE ET LA LIBERTÉ DANS L'ENSEIGNEMENT MOYEN. *Parallèle entre les systèmes adoptés en France et en Belgique, suivi de Projets de Loi sur la matière* (1847).** — Brochure in-8°. 1

PUBLICATIONS POLITIQUES ET LITTÉRAIRES DU MÊME AUTEUR.

1815 en 1840! — Brochure publiée en 1840 à l'occasion d'une séance scandaleuse de la Chambre des Députés. 1

OSTRACISME ET OVATION!... — Poëme sur le retour des cendres de l'Empereur, illustré de vignettes par Raffet (1840). — In-8°. 3

CHARLOTTE CORDAY OU LES GIRONDINS. Trilogie historique (1848). A. Decq, éditeur, à Bruxelles rue de la Madeleine. Se trouve aussi chez les libraires des principales villes de Belgique. 1 50

* Ces divers ouvrages se trouvent à Paris au Comptoir des Imprimeurs-Unis, Quai Malaquais, 15, et chez les libraires de la Galerie d'Orléans au Palais-Royal.

** Ce dernier ouvrage sur l'Enseignement a été publié à Bruxelles, ainsi que la Tragédie de Charlotte Corday.